"茅舍槿篱溪曲"

"门外春波荡绿"

踏上回归精神故里寻古探幽的旅程，

感受乡土的温暖与润泽，

体味精神家园的馨香。

中国民间文化遗产抢救工程
THE PROJECT TO CHINESE FOLK CULTURAL HERITAGES
SOS

江苏利国

中国历史文化名城·名镇·名村丛书

中国历史文化名村

中国民间文艺家协会 / 组织编写

总主编 / 潘鲁生 邱运华

本卷主编 / 王振君 张甫文

知识产权出版社

邱运华

　　传统村落保护是当下中国文化遗产保护工作中最重要的社会性课题之一。对于一个具有绵延五千年不间断农业文明的民族来说，传统村落能否得到妥善保护更是一个文明能否传承的关键问题。

　　传统村落保护是当代社会发展的普遍问题，不独中国社会存在，西方发达国家存在，东方发达国家也存在。从世界范围看，这是一个国家从欠发达到发达、从农业社会过渡到工业社会、从以农村为主体发展到城镇化生活方式过程中普遍存在的问题。有学者把中国农村经济结构改造、社群建设、新文化建设和整体民生改善工作这一进程，追溯到 20 世纪 50 年代。但我以为，它毕竟不是我们现在所处的整体转向工业化、城市化进程中遇到的课题。中国社会同一性质的乡村保护课题，起源还是世纪之交的 2003 年 2 月 18 日 "中国民间文化遗产抢救工程"。2012 年 12 月 12 日，住房和城乡建设部、文化部、财政部联合发布《关于加强传统村落保护发展工作的指导意见》，2014 年 4 月 25 日，除上述三部外又增加了国家文物局，联合发布《关于切实加强中国传统村落保护的指导意见》，两次重申传统村落保护的联合行动。冯骥才先生在 2012 年的一篇文章里把传统村落保护提高到文明传承的高度，我认为非常正确。中国社会各界对传统乡村保护的问题，有着非常积极的呼应。

　　中国是发展中国家，但是从东部、南部和东南部区域看，具有发达国家的基本特征。农村人口从西部向东部、从村落向城镇转移，是 1990—2010 年之间最重要的社会现象，这一巨大的人口变迁集中表现为城镇人口急速膨胀、传统村落急速空心化，不少历史悠久的自然村落仅仅剩下老人和儿童。因此，传统村落的保护在中国面临的问题，与发达国家相比，具有共同性。例如，从"二战"后恢复到工业化时期，德国和日本先后进行的村落更新或改造项目，具有几个明显特征：一是以激发村落内部活力、发展农村经济作为前提，以改造农村基本生活设施作为基础展开；二是村落更新或再造项目以土地管理法令的再研究作为保障；三是建立了学术界论证、公布更新或再造规划、政府支持的财政额度及投入指向、个性化改造方案与村民意愿表达的有效沟通机制，有效保障村落历史文化、自然风景、公共空间与私人空间等要素。综合来看，先行的国家特别注重传统村落的"民间日常生活"保存问题。

所谓"民间日常生活"的具体含义是什么？乃指传统村落村民群体的方言、交往方式、经济生产活动、衣食住行、生老病死、教育、节日活动、传统风俗、民间信仰活动以及区域性的传统手工艺活动等，以及上述种种的精神性、思想性、文化性、艺术性和物质性表现形态。长期以来，中国传统村落之所以成为民族文化的保留者和传承平台，核心在于保存着这个民间日常生活，它的内容和方式，在民间日常生活的基础上，方可承载不同样式、层次的民族文化。

之所以在这里提出"民间日常生活"作为传统村落的文化基础问题，乃是因为看到目前对待传统村落的两种观点具有相当的欺骗性，并不同程度地主宰和误导了传统村落的基本价值指向。一种是浪漫主义传统村落观，一种是商业主义传统村落观。浪漫主义传统

中国民间
文化遗产
抢救工程
THE PROJECT TO CHINESE
FOLK CULTURAL HERITAGES

中国历史文化名城·名镇·名村丛书

村落观把传统村落理想化、浪漫化，仿佛传统村落是用来怀旧的，象征着一切美好的自然与人类的和谐，田园风光，日出而作，日落而息，男耕女织，像是《桃花源记》里的武陵源，"不知有汉，无论魏晋"。但是，这不是民间日常生活；民间日常生活还包含在落后生产力条件下的温饱之苦、辛劳之苦，是传统村落里百姓的生活常态；生产关系之阶级阶层压迫、政治强权和无权地位，以及在自然面前束手无策，在兵灾、匪患和种种欺男霸女面前的悲惨状态，甚至中华人民共和国成立以来出现过的政治压迫、思想禁锢和社会运动之灾，是乡村浪漫主义者无法想象的，而这，就是大多数传统村落的民间日常生活。文人雅士，在欣赏田园风光和依依炊烟之时，能否探入茅舍，去看看灶台、铁锅和橱柜，去看看大量农夫、农妇的身子，他们是否仍然饥饿、寒冷？或者他们的孩子是在劳作还是就学？商业主义传统村落观呢，则直接把传统村落改造成伪古典主义的模版，打造成千篇一律的青砖瓦房，虚构出一系列英雄史诗和骑士传奇，或者才子佳人和神异仙境的故事，两者相嫁接，转化为商业价值或者政绩价值，成为行政或市场兜售的噱头，这一行为成为当下传统村落"保护"的常态。这两种传统村落观，一个共同的特点是把村落与民间日常生活相割裂，抹杀了民间日常生活在传统村落里的价值基础，从而，也直接把世世代代生活于这一场景的村民们赶出村落，嫌他们碍事，妨碍了我们的浪漫主义和商业主义梦想；他们不在场，我们可以肆意妄为地文化狂欢。那些在民间日常生活中久存的精神性的、思想性的、文化性的、艺术性的符号，均不在话下。但是，假如村民不在场，社群活力不再，传统村落如何是活态的呢？西方哲学有一个时髦术语，叫作"主体缺失"，因为主体缺失，因而话语狂欢。

关注传统村落的村民，无疑是中国传统村落保护的第一要素。但恰好是人这第一要素构成了传统村落的凋敝和乡愁的产生。

1990 年至 2010 年这二十年，随着一些区域传统村落里村民流动性的增强，特别是青壮年村民向东部、东南部和南部沿海地区季节性的流动，极大地影响了这些区域传统村落民间日常生活的展开，减弱了传统村落的社群活力，也相应削弱了传统文化活动的开展。这样，构成传统村落民间日常生活的内容慢慢演变成淡黄色、苍白色，成为一种模糊记忆，抑或转化为一年一度的春节狂欢，最后，演变定格成为日常性质的乡愁。民间日常生活不再完整地体现在现在乡村生活之中。那个完整的民间日常生活，在我们不得不离开它的土壤之后，便蜕变为乡愁。乡愁这只蝴蝶的卵，就是民间日常生活。而伴随着乡愁这只蝴蝶而出现的，却是一个个村落日常生活不断凋敝、慢慢消失。乡愁成为我们必须抓住的蝴蝶，否则，我们的家乡便消失在块垒和空气之中，我们千百年创造的文化便无所依凭。然而，据统计，在进入 21 世纪（2000 年）时，我国自然村总数为 363 万个，到了 2010 年，仅仅过去十年，总数锐减为 271 万个。十年内减少约 90 万个自然村。若是按照这个速度发展下去，三年、五年之后，我们的传统村落便所剩无几了。也就是说，出生和成长在这些村落而现在散居在世界各地的人们，将无以寄托他们的乡愁。若是其中有的村落有几百年、上千年甚至更久远的历史呢？若是其中有的村落有着华夏一个独特姓氏、家族、信仰和其他各种人文景观等等呢？

越来越多的学者开始从事传统乡村保护的研究工作，例如《人

民日报》2016年10月27日发表了"老宅、流转、新生"为题的介绍黄山市探索古民居保护新机制的文章，还配发了题为"古民居保护，避免'书生意气'"的评论；《中国文化报》2016年10月29日发表了题为"同乡村主人一起读懂文化传承"的文章，提出了"新乡村主义"的概念，在它的题目之下，包含有乡村治理、乡村重建和乡村产业化的多功能孵化等内容。为此，文章提出了"政府在制定政策方面、标准化编列预算、聘请专家团队和NGO组织，进行顶层设计、人才培养、产业孵化和公共服务"四项基本措施，还配发了"莫让古民居保护负重前行"的文章。《光明日报》2016年11月15日发表了题为"福建土堡：怎样在发展中留住乡愁"的报道，记叙了专家考察朱熹故乡福建三明尤溪土堡的过程；记者报道了残存的土堡现状，记录下专家们的意见：政府与社会资本合作的"PPP模式"，面对乡村人口日趋减少的不可逆现实，应该吸引城市中的人回到乡村，将土堡打造为"民宿"，在不破坏现有形制的前提下，实现功能更新。也有专家提出，就保护而言，首先应该考虑当地人，人的利益是优先的，只有做到长期发展而不是只顾短期利益，文化遗产保护事业才能够持续发展，等等。

上述建议，已经超越了简单的乡愁情怀，而诉诸国家土地法规、资金筹措模式、专家功能实现等层次。应该说，在越来越深入研究、讨论的基础上，对传统村落保护的思路越来越宽了，为政府制定传统村落保护法提供了良好的基础。在国家立法的基础上，国家、地方政府组织专家开展普查，确认传统村落的级别，分别实施不同层次的激活、保护、开发，才有坚实的基础。

我理解，通过专家学者的普查、认定，得出的结论一定会有利于政府形成健全完备的保护方案和具体操作措施。一方面，对仍然有社群活力的乡村，实施新农村建设规划，改善其经济机制，改建生活设施，改善村民的生活条件，把工作重点聚焦到提高农业产业框架基础、为居民提供更好的生活环境、增强村庄文化意识、保存农村聚落特征上来。另一方面，为有着特殊文化传承却逐渐凋敝，甚至失去社群活力的乡村，探索一套完善保护的工作模式，形成一种工作机制，并得到国家法规政策的支持和保障，包括土地规划、投资体制、严格的环境保护，建立严格的农民参与机制等，为保留故乡记忆、记住我们的乡愁，留下一系列艺术博物馆、乡村技艺宾馆，产生具有独特价值的"乡愁符号"。

作为"中国民间文化遗产抢救工程"的重要项目之一，《中国历史文化名城·名镇·名村丛书》正是通过众多专家学者和民间文艺工作者辛勤的田野调查工作，在中国民协推动的"中国传统村落立档调查工程"所积聚的海量信息基础上，多学科、多视角地反映当下古城古镇和传统村落现状，发掘传统文化的独有魅力，进而为保护和传承优秀传统文化积累鲜活的素材，汇拢丰富的经验并寻觅科学的路径。相信这套丛书的出版将对古城古镇和传统村落的保护发挥积极作用。

2017 年 3 月

（作者系中国民间文艺家协会分党组书记、驻会副主席）

记住那一片家园（序二）

王雪春

徐州古称彭城，为华夏九州之一，自古便是北国锁钥、南国门户、兵家必争之战略要地和商贾云集中心。徐州具有超过6000年的文明史和2600年的建城史，是两汉文化的发源地；历史上有11位徐州籍皇帝，素有"彭祖故国、刘邦故里、项羽故都"之称；因其拥有大量文化遗产、名胜古迹和深厚的历史底蕴，也被称作"东方雅典"。尤以"汉代三绝"——汉兵马俑、汉墓、汉画像石为代表的两汉文化最为夺目，极具艺术欣赏和考古价值。2017年6月国务院正式批文确立徐州为淮海经济区中心城市。从此，作为中国第二大铁路枢纽、素有"五省通衢"之称的大徐州，会更加充分发挥联系中外经济发展的独特优势。

1986年，国务院公布徐州为国家历史文化名城。纵观全国众多的历史文化名城，能够荟萃丰盛的两汉文化内容的，徐州属绝无仅有。难怪中外游客游览徐州，均以"两汉文化看徐州名副其实"而赞叹不已！

2017年年初，徐州市文联、徐州市民协在相继完成《中国民间故事丛书·徐州卷》《记住那一片家园——共和国时代徐州市消失村庄全记录》等系列丛书出版发行之后，又有计划地启动了《中国历史文化名城·名镇·名村丛书徐州卷》调查编写工作。依据中国民协提供的"列入历史文化名城、名镇、名村应具备的基本条件"反复排查，徐州市每个县（市）、区都有数量不等的名镇、名村。为了把这项功在当代，利在千秋的伟大工程做得比较精准、细致，经过征求多方意见和反复推敲，决定从全市众多名镇、名村中选取睢宁县双沟镇和铜山区利国村作为首批试点单位；经过组织有关人员进行十个多月的调查走访、收集资料、反复查证、撰写编辑，于是便有了《中国历史文化名镇·江苏双沟》《中国历史文化名村·江苏利国》两部佳作。可以说，这是徐州在全省率先开展的又一项具有重要影响的基础文化建设项目。

利国村位于苏鲁两省交界、微山湖的东岸、徐州市铜山区北部，具有四千多年的悠久历史，是历代兵家、商家必争之地。远古唐尧时期，这里为古留城的郊区，建有诸多庙宇。汉武帝时在此设立铁官，唐朝设立秋丘冶，宋太平兴国四年（979），"秋丘"由冶升为利国监。清末洋务运动时在此设立徐州利国驿煤铁矿务局。尉迟恭、苏轼、狄青、曾国藩、左宗棠等都曾在此留下了足迹。古代采矿坑口、抗日战争时期的利国矿山、中国劳工殉职纪念处等与冶铁有关的历史遗存随处可见。

古老的利国村既是古留城的东大门，也是铁道游击队的故乡。在当年古留城陷没于微山湖时，留城中的诸多庙宇便纷纷搬迁到东岸凸起的高地重建。集聚利国的庙宇增多，这里的庙会也就接二连三了，必然促进文化的繁荣与发展。闻名遐迩的民间戏剧"叮叮腔"就是通过各种庙会世代有序传承至今的。还有极具独特风味的各种传统饮食与湖区水产，也是在庙会中得到了不断延续发展，一直保留至今。总结利国村的历史文化可用四句话概括：中国最早的冶炼之地，日寇侵华的见证之地，众神集聚的庙群之地，世代延续的戏曲之乡。由此，称利国为"中国历史文化名村"是名副其实的。

　　一个古老的村镇和城市，犹如一位饱经沧桑、阅历甚深的老人，既有深厚的文化积淀，又有承载着世代子孙魂牵梦绕的"乡愁"；"名"古镇、"名"古村的历史文化价值更是非同凡响。她所承载的物质与非物质文化遗产，既是传递民族血脉和陶冶民族美德、优秀品格的重要精神食粮，也是构建社会主义核心价值观和具有中国特色美好家园的重要基石。在我国现代化建设快速发展中，在大力弘扬传统文化的热潮中，科学记录和有序保护历史文化名镇、名村的人文历史、自然风貌和各种原生态信息，是一项流芳千古的伟大事业，对研究、传承、弘扬、创新中国传统文化和实现中华民族伟大复兴，都具有深远的历史意义和重要的现实意义。

　　徐州市历史文化名镇双沟和名村利国，是历代先人适应自然、"天人合一"的见证，也是创造文明、积淀文明、传承文明的家园。其保存的年轮印痕、光阴故事、人生观、审美观、习俗信仰和生产、生活、居住方式等，犹如一部五彩缤纷的百科全书，承载着民族的历史记忆和文化基因，闪烁着民族的智慧与品格。从这个意义上讲，历史文化名镇、名村就是中华民族物质与非物质文化最根本的载体；保护名镇、名村就是保护中华优秀的传统文化。

　　著名文化学者罗杨在论述保护古村镇时说："人类文明的进化不能没有积累和继承，历史的车轮可以碾过如梭的岁月，但不能拆毁文明心灵回归故里之路。"名镇双沟和名村利国两部著作均以质朴简明的文字和图文并茂的形式，从历史学、社会学、民俗学、建筑学、文化学等视角，客观、准确、简洁、鲜活地记述了名镇、名村的历史与现状，阐释了名镇、名村独有的文化内涵与价值，彰显了徐州市名城、名镇、名村特有的魅力与风采，既是为下一步编写其他名镇、名村的范本，也是一部惠及当代、传之后世、值得收藏的珍本。

"竹篱茅屋趁溪斜，春入山村处处花。"这是苏东坡描写古老山村充满诗情画意的美好诗句。青山翠竹、粉墙黛瓦、牧笛山歌、蛙声蝉鸣，我们的祖先曾经就是如此诗意地栖居生活着。这种农耕文明的恬美情境，至今仍保留在山清水秀、文化灿烂的名镇、名村中，是祖先遗馈给我们的一笔丰厚精神遗产，也是中华民族优秀传统文化得以流传的血脉，并给我们留下美好记忆的精神家园。由张甫文先生主编的《中国历史文化名镇·江苏双沟》和由王振君、张甫文主编的《中国历史文化名村·江苏利国》两部文化遗产之作，定会让广大读者和后人带着一种享受的心情，踏上回归精神故里寻古探幽的旅程，感受乡土的温暖与润泽，欣赏"茅舍槿篱溪曲""门外春波荡绿"的美好画卷，体味精神家园的馨香。

是为序。

2017 年 10 月 30 日

（作者系徐州市文联党组书记、主席）

中 国 历 史 文 化
名城·名镇·名村丛书

中 国 历 史 文 化 名 村

江苏利国 | 目录

第六章
抗日烽火

第七章
饮食特产

Famous Villages, Famous Towns, Famous Cities
of Chinese Historical and Cultural Series

The Chinese Famous Historical and Cultural Village
Liguo Jiangsu | Contents

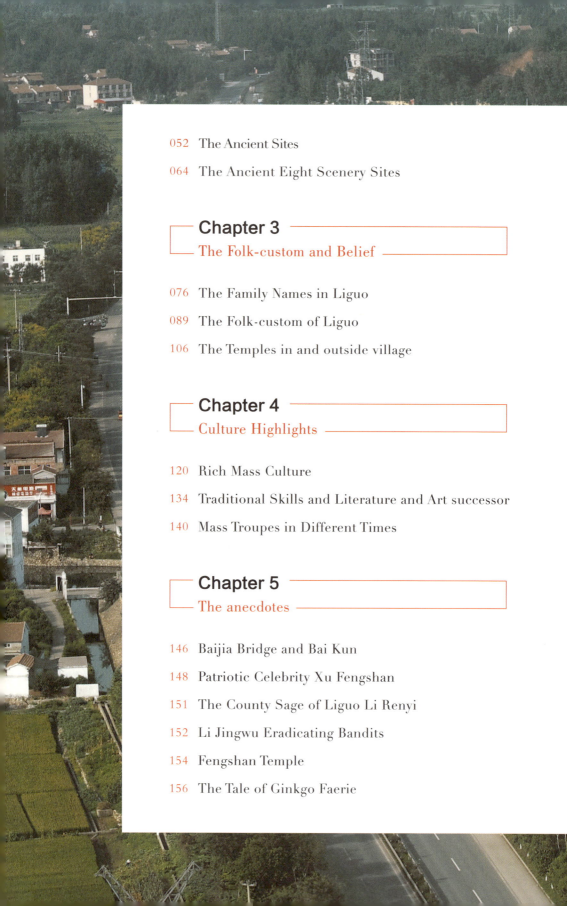

Chapter 6
The Events of Resistance Against Japanese Aggression

Chapter 7
Food and Specialties

　　利国村——中国最早的冶炼之地，日寇侵华的见证之地，众神集聚的庙群之地，世代延续的戏曲之乡，坐落镇域中心，由利国、王营、新庄、蔡山四个自然村组成，总面积9.06平方公里，耕地面积4000余亩，人口15000多人，是利国镇政治、经济、文化、教育中心，也是一个交通便利、商贸繁荣的新兴农村小城镇。

↓白家桥

中国历史文化名村

江苏利国

第一章
利国概述

千年古村话沧桑

  利国村隶属江苏徐州市铜山区，位于北纬 34°34′，东经 117°20′，北临山东大运河，南距历史文化名城徐州 37 公里，东距台儿庄 45 公里，西濒风光秀美的微山湖，曾是"铁道游击队"活动基地。该村历史悠久，冶炼文化底蕴深厚，既是苏鲁二省三市（徐州、枣庄、滕州）、五县区（铜山、微山、贾汪、薛城、峄城）边界线上的重要城镇及物产集散地，也是徐州都市区的北翼门户城市和规划建设"8+1"个试点小城市之一。

  利国村坐落镇域中心，由利国、王营、新庄、蔡山四个自然村组成，总面积9.06平方公里，耕地面积4000余亩，人口15000多人，是利国镇政治、经济、文化、教育中心，交通便利，商贸繁荣，物产丰富，特色突出。

中国最早的冶炼之地

  早在春秋战国时期就有了利国村落。追溯其村名来历，应从秦始皇二十二年（前213）在此设立驿站谈起。公元前206年，在村西铜山岛就有了开采冶炼业，采铜矿设炉冶炼，为诸侯王国铸造铜币，后又用作制镜。汉元封初年（前110），汉武帝采纳桑弘羊的奏请，于彭城沛郡立铁官。直至隋唐时期（581—618）这个地方才始有地名。因三山不见，荒草萋萋，故名"秋丘"。关于"秋丘"的起源有两说：一说该地有三座山，一曰铁山、一曰铜山、一曰盘马山，秋，季度之第三，丘，小山也，故名"秋丘"；另一说，当年称之"秋丘"地名,从西到东有三座小土丘,一在原关帝庙、一在原火神庙、一在东窑山子。这三座小山,不仅有脍炙人口的"三山不见水倒流"的诗句流传至今,而且在史籍上也有记载。

汉代在村北(小北山)设铁官。唐朝742年置"秋丘冶",管理铁业事务。隋朝由发展铁矿转为发展铜矿,并将开采权全部收归朝廷,采取封建徭役制,征集劳动人民采矿。

唐至元代,产铜量逐年增加。北宋大将狄青在此炼造盔甲,北宋太平兴国四年,这里由于采矿炼铁规模宏大,成为全国四大炼铁基地之一。因炼铁利国利民,冶铁机构由冶升监,利国本秋丘烹铁之所,至皇朝升为利国监。从此,"利国"村名得以传开。

↓ 清代蔡山采煤遗址

南宋时利国已划入金朝版图。《铜山县志》卷十载："利
国驿寨，城北八十里，归属三乡界，旧志宋置利国监，金时为镇。
金史地理志，彭城有利国镇。"金章宗明昌五年（1194），黄河
在河南阳武决口，阻断泗水入淮，汇成湖泊，吞淤留城，铜山成岛。

明永乐十三年（1415）官府在此设驿站，又名利国驿。《铜
山县志》卷十载："利国驿寨，在城东北八十里，咸丰十一年（1861）
建，归属三乡界，旧志置利国监，金时为镇……下管蔡家山、林头
村、邵家庄、郝家庄、西马山庄。"

清时有巡检驻守，地产煤、铁、石灰等矿，尤以铁著称，计产
铁之处凡九，曰东马山、西马山、南马山、铜山、铁山、裘家山、
小羊山、洞山、励家湾山，共地千余亩；此外，
蔡山产铁及煤。清光绪八年（1882），两
江总督左宗棠、奏委知府胡恩燮招商承办，
经胡氏认领矿山十座，计地十一顷七十八
亩。宣统三年（1911）八月，袁世凯收胡
氏原置矿产，筹集资本，设立利国驿铁矿
有限公司。抗日战争时期，利国铁矿资源
被日军占领并大肆掠夺，日军投降前夕，
采矿设备全部被毁。

1959年6月，南京博物馆曾派员在利
国铜山北的微山湖畔挖掘出古炼炉遗存，
还发现当年采矿、冶炼的工具，表明利国
冶铁不但历史悠久，而且冶炼技艺已达到
相当高的程度。

↑ 铁岸铜涯

利国不仅是中国最早的冶炼之地，也是铁、铜、煤、石灰等各种矿产资源极其丰富之地。这里有多座人造山，全部由冶铁残留的各种矿渣、土岩、石块、炉灰堆积而成，其高程多在七八十米，最大一座高达一百余米，占地百余亩。这些利用冶炼矿渣堆砌而成的"人造山"，既真实反映了历史上的利国村采矿规模之大、利用矿藏之多，也如实再现了利国百姓为减少占地面积，降低开发成本而不断创新的智慧。放眼望去，一座座形状各异的人造山体，成为当年矿区一道亮丽的风景线。

日寇侵华的见证之地

1938 年徐州沦陷。后不久，日本钢管株式会社信托三友公司等来到利国，实行掠夺式开采铁矿与铜矿，长达六年之久。民国二十七年（1938）夏，利国被日军占领，在地方上废圩团闾邻，设区乡保甲制。利

↑ 中国劳工殉难纪念碑

国村属铜山县第二区利国乡（辖利国、蔡山村）。民国二十九年（1940）秋，日本钢管株式会社信托三友公司等在此成立"钢管株式会社利国清水组"，民国三十一年（1942）又改名"钢管株式会社利国驿铁矿"，因强抓本地采矿的农民较少，日军开始从外地抓丁。先是从东北三省抓来一批劳工开采矿石，仅一个冬天就冻死四百多人；后又从济南、德州、开封、徐州等地抓来劳工一千一百多名，疯狂进行掠夺开采。所获矿产，一是通过铁路从利

国直接运至青岛，再转水运至日本；二是就地炼铁或再经过日办的
"南日铁厂"处理压块后装船运往日本。六年间从利国掠走精矿
七十多万吨。抓来的一批批外来的采矿劳工拖家带眷来到利国，铁
矿不分男女老幼统统安排住在一个大屋窖内。由于生活艰难，卫生
条件极差，造成瘟疫流行，日军根本不给用药治疗，致使每天都有
几十人甚至上百人死于瘟疫。一批批因工伤、饥饿、疾病死去的人
都埋在附近的羊谷山，留下了刻骨铭恨的"掩骨山""万人坑"之
罪证。1945年3月，日伪淮海省省长郝鹏举，在羊谷山"万人坑"
北边竖立一块石碑，上书"利国矿山中国劳工殉难纪念碑"。

这是日寇疯狂侵华在苏北徐州留下的一处罪恶确凿的见证之
地，也是徐州人民在每年纪念抗战胜利之日，铭记历史，勿忘国耻，
强我中华的爱国主义教育之地。

↓ 抗战时期利国火车站水塔

众神集聚的庙群之地

古时利国村坐落在留城东大门之高地，也是微山湖的东岸。古留城位于微山岛西南六公里处，据该村刘氏族谱记载，远古唐尧时期的某年八月十三日子时，尹河涨水，淹没留城。《路史》中亦载，尧的儿子"丹朱庶弟九，其封于留者为留氏"。据此可知，留之封国至今已有四千余年的历史了。留国在殷末灭亡，春秋时为宋邑。秦统一六国后，实行郡县制，在此置留县，属泗水郡。西汉建立，留县改属楚国。《汉书张良传》记载："汉六年，高祖以三万户封良，良不受，自愿封留足也，乃封良为留侯。"留县即成为张良的封邑。自东汉初，留县属彭城国，至唐初又废，其间隶属、废复多变。唐后历时八百余年的留县，只作沛县的一个城镇存在。后沉入微山湖。

关于留城陷没于微山湖中的传说，利国村民多是传讲与留侯张良有关。相传，张良病危弥留之际，交代完如何料理后事，又令子孙们速造七只大船，在他下葬七天后祭祖时，供在墓前，并令六十年后的某月某日挖开家院某处，取出所埋之物……子孙们莫名其妙。留城当时地处广袤平原，造船何用？未及子孙细问，张良便阖目而去。子孙们捶胸顿足，痛哭一番，在料理张良后事的同时，请人星夜赶造了七只大船。因为子孙们深知张良工于谋略，神机妙算，相信他令造船必有妙用。张良葬后第七天，子孙们将船供在墓前，和族人及亲朋正准备祭祀，突然天降暴雨，一时黄水滚滚，洪峰咆哮，留城顷刻被淹没。张良的子孙和族人及前来祭祀的亲朋急忙分乘七只大船逃难，才免遭洪水吞噬之灾……

六十年过后，张良的后代子孙们不忘先祖遗嘱，乘船来到微山湖上，但见湖水茫茫，何处觅得留城旧址？又何处觅见家园？他们只好夜泊湖上。时至夜半，忽见湖水慢慢退去，留城从湖中现了出来，街市依然，楼舍依旧……张良的后代们急忙奔向老家，刚刚挖开院中某处取出所埋之物，湖水忽然又慢慢侵袭过来，他们急奔上船。留城瞬间不见，重又沉入微山湖中……

↑ 清代奉圣寺

其实，根据志书记载推算，留城陷没，约在明末清初。古留城曾是鲁南政治、经济、文化的中心。古留城陷没时，坐落微山湖东岸的利国凸显为一块高地，原留城中楼舍栉比，富商大贾与诸多庙宇便纷纷迁到利国村重建，诸如城隍庙、马神庙、天齐庙、东大寺、奉圣寺等，都是规模恢宏的庙宇。从此，这里便有"众神集聚利国，庙宇遍地皆是"之说。直到中华人民共和国成立之前，村内村外的庙宇还有三十多座，大多在日寇入侵和"文革"中毁坏。其中建于清咸丰年间的泰山庙，至今依然存在，虽然庙房已经斑驳陆离，但其室内几幅珍贵壁画及碑刻仍保存完好，真实记载着当年利国佛教兴盛的繁荣景象。众多的庙宇使利国村民养成了供奉各种神灵的信仰，既促进了利国的宗教文化不断发展，也对世代有序相传的民俗文化、民间技艺的繁荣与发展起到了一定的积极推动作用。

世代延续的戏曲之乡

有庙必有会，有会必然促进一地文化与经济大发展。由于利国村庙宇众多，一年中的庙会总是接二连三地举行。庙会，又称"庙市"或"节场"，既是利国民间宗教及岁时风俗，也是利国集市贸易形式之一，其庙会活动日，主要以某寺庙的节日或规定的日期举行，多设在寺庙附近，除了进行祭神、拜神外，还有购物和诸多娱乐活动。

在有序创造、享用和传承的生活文化中，利国村民最为热爱和执着传承的是戏曲文化。如利国早年的莲花落、拉魂腔、叮叮腔等，都是起源于明代，流行于清代的热门戏曲。其中叮叮腔就是在明末清初定型并传承至今的。清初，微山湖一段的厉湾、寄堡设有停泊码头，南北方的运粮船在此码头停泊交易货物期间，总要在利国住上几天，无论南方人、北方人都把他们演唱的家乡小调带到了利国。于是，当地百姓从围观到参与，从欣赏到学唱，久而久之，积众家之长，便形成了一地独特的唱腔和曲谱。由于当时演唱的内容多为祈丰收、求平安之类的词句，故而人们把这种演唱称为"太平歌"。太平歌原是村民自娱自乐的歌谣，后在发展中不断完善，由独唱到对唱、合唱，又发展为戏剧形式。因主要伴奏乐器为月琴，而月琴具有清脆悦耳的"叮叮咚咚"声音，故冠名"叮叮腔"，后又称"徐剧"。经过世代有序传播，一直保留至今。2008年利国的叮叮腔被列入徐州市非物质文化遗产保护名录。

2016年，叮叮腔新戏《古驿情缘》参加了全国小戏小品大赛，荣获优秀组织、编剧、剧目、音乐、导演、演员六项大奖。

2017年4月，利国的叮叮腔参加央视戏曲频道"一鸣惊人"

栏目组织的"梦想微剧场"演出，参演节目《站花墙》和《十八相送》博得了观众一致好评，并夺得铜奖！评委们频频称赞利国的叮叮腔艺术团为"天下第一团"，夸赞叮叮腔的曲调悠扬婉转，如同天籁之音，极为动听，很具有传承保护和繁荣发展的价值！

此外，利国村的京戏、柳琴戏、舞蹈以及书画等各类文艺人才济济，他们不但勇于担当积极传承保护本村非物质文化遗产的重任，还常年不断地为丰富本村百姓文化生活积极做奉献。

利国村隶属多变。1948 年 11 月 8 日（农历十月初八），利国村人民获得解放。同年 12 月初建立山东省铜山县利国区、乡政权。当时区政府设在万庄（老区），后迁到齐庄，直到 1950 年才搬到利国村（区政府原址即今利国村委大院）。1951 年 2 月，改属山东省临城县（不久改称薛城县）利国镇；1952 年 10 月，又改属山东省峄县十二区利国乡；1953 年 4 月，利国地区又划回江苏省铜山县二十四区。1955 年 3 月，利国小乡改属利国镇，根据居住情况又划分五街、一村，五街即民主街（现一、二、三组）、工商街（现四、五、六组）、合作街（现七、八、九组）、农民街（现十三、十四、十五、十六组）、自由街（现十、十一、十二组），一村即蔡山村，各街道设主任一名、文书一名（不脱产）。1956 年 1 月，村镇并入利国乡，利国设村。1957 年 2 月，利国从铜山县划入徐州矿区，恢复利国镇建制；1958 年 6 月，利国镇又划入徐州市郊区；1959 年 9 月，易名徐州市郊区利国百姓公社利国大队。1960 年 10 月，区划再次变动，利国大队又从市郊划回铜山县。1969 年 9 月，利国村成立利国大队革命委员会；1978 年 8 月改称利国公社管理委员会利国大队；1983 年 5 月撤销利国大队革命委员会，改为利国村民委员会，下设 19 个村民小组。1993 年 4 月 20 日，经县委批准，成立"中国共产党利国乡利国村委员会"。这是铜山县第一家村级党委。1993 年 8 月，经江苏省体制改革委员会批准，组建"江苏鑫鑫集团"；1995 年 10 月，经农业部批准，又组建"全国性乡镇企业集团"——江苏鑫鑫集团至今。2002 年，实行村级合并，蔡山村并入利国村，全村总面积又扩大了 3.27 平方公里。

　　21 世纪以来，在飞速发展的经济大潮中，利国村的经济收入仍以发展钢铁企业为主。至 2016 年，全村仅牛头山、东亚、蓝海、利国矿、村铁矿五个大型企业年总产值就达 80 多亿元，全村人均纯收入达 36000 元，人均住房面积已超过 30 平方米，老百姓的幸福指数不断提高。

↓ 炼铁初成品——铁块

↑ 牛头山铁矿

↑ 淮海钢管

利国冶铁发展史

古驿利国，因盛产富铜铁矿和独特的地理优势而闻名遐迩。

据史料记载，利国采矿冶炼最早可以追溯到商周时期，迄今三千五百多年。据《铜工业沿革》介绍，安徽古为徐、扬、豫三州，先民在夏商时期已经掌握了青铜冶炼技术。西周时期的青铜器在淮北许多地区均有发现，种类繁多。"徐国"是西周朝赋税的主要地区，早期的青铜器铭文上都有历史性记载，例如 20 世纪 50 年代出土的"徐王鼎、徐偃王壶、大徐王寿铭"等贵重器物，其原料均为今日利国冶炼。

战国中叶以后，利国开采的铁矿越来越多。史料载，"利国矿冶，战国时已采用鼓风竖炉，炉温高达一千二百度，出现展性铸铁，淬火锻钢，可制兵器"。

秦统一六国后，在产铜铁较多的地方派驻"官营督办"。据《中国古代冶炼发展史》介绍，铜山岛采矿在秦代时已经采取了斜直井、平巷相结合的人工开采方式。1996 年 5 月，铜山岛下发现秦代采矿冶炼遗址和铜炼渣。《史记·秦始皇本纪》载，秦王政二十八年（前 219），始皇巡游天下，登泰山后遣徐州市，查看铜山采铜。

西汉武帝元狩四年（前 119），孝武皇帝采纳重臣桑弘羊的建议，执行盐铁官营政策，在全国设置"铁官"49 处，其中利国小北山南坡设"铁官"。

1954 年，人们考察利国"铁工场"遗址时，在一座东汉炼铁炉以南 400 米的铜山顶发现了一处竖井凿矿遗址和一处露天坑采遗址。还掘出一件单模铸制的三齿耙和一件合模铸30斤铁锤。
2009年冬季，104公路改道施工，在墓山东坡和二郎山之间挖出数十棺土葬墓穴，均为东汉普通墓，出土了数面铭文铜镜和铜制剑带钩，长短铁制刀剑十余把，还有罕见的汉代五铢钱等。

↑ 宋代利国铁矿遗址

《新唐书·食货志》记载："官营铁冶最初只有五处，到宣宗四年增加到七十一处，产铁分布散零。"玄宗开元十年（722），利国设置"秋丘冶务"，隶属彭城郡。《新唐书·地理志》载，秋丘冶务元和初年（808）产铁207万斤，到大中年间铁的产量锐减到53.2万斤，而铜的产量则达到65.5万斤。

1959年6月，江苏考古工作人员在利国珍珠泉附近发现一处唐代冶炼遗址，地面上粒状矿石、炉渣成堆，断崖上露出炼铁炉三处，炉身已经残破不全。发掘徐州市区一座唐代墓葬时，曾出土一块程咬金曾孙程翰林的墓碑，上面刻有"托公秋丘冶，公锻炼精金，积如山岳，充实武库，戈铤丰足"等碑文。

宋代鼎盛，北宋初年设"官营铁冶工场"。庆历四年（1044），36岁北宋大将枢密使狄青（1008—1057，字汉臣，山西汾阳人）率部在此采矿冶炼，铸甲制镜，大兴土木，规模大成。熙宁十年（1077）四月，苏轼（字子瞻，四川眉山人）调任徐州知府，历时一年十一个月。其间他对利国冶铸业起到承前启后的推动作用。他先听说山西有人用石炭炼铁，之后开发了徐州南白岭镇煤矿（安徽萧县境内），用以冶炼利国矿石。

元丰元年（1078），利国监纳铁 30.8 万斤，占全国总量 550 万斤的 5.6%。据《续资治通鉴长编》记载："利国监岁制军器及上供简铁之类数多。"陕西转运副使范纯粹（范仲淹四子）言："利国监，铁性犷脆，惟宜制作兵仗。"元丰六年（1083）三月，在利国设置"宝丰监"，督众采铜，就地冶炼，置铸铜钱，年出铸币 36 万。后置"宝丰下监"，铸造年号不同的铁钱。

元代各地冶多至 6000 户，规模相当庞大。利国多以采矿为主，除部分矿石在本土冶铸，少量矿石漕运颍州（安徽阜阳）冶炼，颍州当时是元代较大的炼铁基地。《读史方舆纪要》和《大清一统志》记载："宋置利国监于下山，其阳有运铁河，元人置利国

↓ 运铁河

监桥于其上。"白家桥由富商白琨出资兴建，净石砌筑，美观厚重。

明代冶铁的产量，北方占百分之十八，冶铁的重点明显南移。明宣德四年（1429），官方曾聘山西平阳府厉氏来苗家庄厉湾采铜铁，铸炉鼎。自此厉姓家族在利国根固枝繁。

利国采矿在清代早中期曾一度荒废。村西水面是大运河通过湖区的主航道，即为南北漕运必经之地，引来了不少文人墨客。康熙五十九年（1720），状元李蟠（丰县宋楼人）游利国时看到当年辉煌的炼铁遗址，曾赋诗句："自古留城水西流，铁岸铜崖隐渡舟……"

道光二十一年（1841）七月九日，江苏巡抚林则徐下榻利国，

↓ 今日运铁河航拍

对历代矿冶和现有资源做出充分肯定。咸丰元年（1851），利国再度开采铜矿，应用于铸币业。

咸丰七年（1857）九月，曾国藩偕同张之洞莅临徐州，部署河防战略，曾对利国的煤铁资源和微山湖进行实地考察。光绪八年（1882）十月五日，两江总督左宗棠（字季高，湖南湘阳人）上奏御批"请开办江苏利国驿煤铁"，并委托徐州兵备道程国熙对利国矿石"查勘确实，遴员主办"。

光绪十四年（1888）十一月，两江总督刘坤一和留欧回国的科学家徐建寅将利国矿石融四川生铁，铸一尊后膛钢炮送天津试验，其质量与国外钢炮相同。北洋大臣李鸿章对此赞不绝口，亲批："据禀徐州利国铁矿所产铁质甚美，煤亦合用；兴办铁路，尤为取材适

中之地。"1912 年利国火车站开始运营。

民国二十年（1931），上海女实业家赵威淑（当时人称白寡妇）集资来利国成立"利华铁矿"。承租王家营土地 2423.8 亩，招收一千多名采矿工人，此后两年开采矿石 28.74 万吨，并销往上海。民国二十三年（1934）秋，南京郭姓资本家来利国接替赵威淑，

↑ 利国新村

计划把矿石运抵浦口远销日本，后因诸多方面原因停止开采。

1938 年徐州沦陷。随后日军控制了利国火车站和矿部，强占聚兴昌铁厂。1945 年 9 月，抗战取得胜利，铁矿由国民政府三五一团接管。最后关闭矿山。

中华人民共和国成立后，利国铁矿隶属冶金部。20 世纪 50 年代，开采方式仍为露天采矿。1951 年 12 月，修筑"峒历矿"专用火车线路。1953 年 5 月，利国铁矿磁铁矿石参加了瑞典国际博览会。1956 年，利国铁矿矿石出口捷克斯洛伐克和巴基斯坦等国家。

1958 年 3 月，利国铁矿划归华东矿山管理局，同年 9 月组建 28 立方高炉两座。

1962 年 3 月，利国铁矿冶炼厂并入淮海铁厂，1973 年正式转入地下开采。

中共十一届三中全会以后，利国的采、选、冶炼业逐渐发展壮大。1980 年秋，利国村成立村办铁矿，后相继成立牛头山铁矿、组建白山铁矿、成立利国乡铁矿，个体、联营采矿点也开始增多。

1990 年后，利国的冶炼工业进入高潮，先是成立四达钢业公司、新建一座 28 立方高炉；后又扩建、兴建 18 立方、328 立方、400 立方高炉。金永集团成立后，于 2002 年 4 月牛头山矿新建 128 立方高炉一座，成立徐州铜利铸造有限公司。2003 年 4 月，组建"徐州东南钢铁有限公司"，从此结束利国有铁无钢的历史。接着又建造 206 立方和 450 立方高炉两座。鸿泰钢铁有限公司新上轧钢生产线，江苏龙远钢铁有限公司兴建 206 立方高炉，改造 450 立方炼铁高炉。在组建徐州东亚钢铁有限公司的同时，兴建 550 立方高炉两座和 40 吨转炉一座。福州客商投资 15 亿组建"徐州伟天化工有限公司"，年产 200 万吨固焦项目，为利国冶炼企业提供冶炼能源。2008 年利国跻身于"中国乡镇综合实力 500 强"第 407 位，投资潜力排第 122 位。

近年来，利国相继获得荣誉有"中国绿色名镇""全国乡镇投资潜力五百强""徐州市省级重点中心镇""苏北五十强乡镇""徐州市经济发展十强镇""徐州市招商引资十强镇""徐州市发展乡镇企业十强镇""徐州钢铁铸造集聚区""全国重点镇"等，均是利国村民的荣耀。

　　利国古村遗迹众多，甚为珍贵。既有水陆交通古驿道，诸如秦汉时期的驿道、驿站与马厩，元代的运铁河、白家桥；也有泗水漕运码头、利国港口以及贯穿我国南北的清代京沪铁路。铜山岛铜矿资源丰富，自远古时期就是蚩尤、彭祖、皇帝采铜铸鼎、造兵器、铜镜之地。

　　汉墓出土的汉画石像极为珍贵，古皇殿、圣旨碑保存完好，既反映了真实的西汉文化，也是利国人杰地灵的历史见证。当年兴远镖局生意兴隆，驰名大江南北。世代相传的古八景都是历代达官贵人、文人墨客向往之地……

↓ 公元前 27 年，利国铸造的镇河铁牛

中国历史文化名村
江苏利国

第二章
古村遗迹

水陆交通·古驿道

运铁河

运铁河原称石龙河，是横穿利国村南部的一条大河，发源于柳泉乡前杨家村南山北坡，曲折北流，经前杨家、高皇、坡里、寄堡至墓山。因受山冈阻挡，折向东流与蝎山南来之水汇入后，又转向北流，至村前向西入微山湖，全长三十余里。

石龙河汇流后入利国境，流长十里。史载，宋枢密使狄青大将，为抵御外族侵犯，在利国采矿、冶炼、制造盔甲和兵器，为漕运方便，将石龙河加深加宽，以后改叫运铁河。宋代开挖运铁河的起因，徐州候补知府胡恩燮在其《白下愚园集》一书中讲得很明确，"汴宋时，徐州城汴泗交流，利国监去泗水五十余里，故凿运铁河，以资转运"。运铁河经柳泉去泗水，主要通舟楫运输。

石龙河上游为乌龙潭，潭水乌黑，芦苇环抱；下经莲花池，莲花池宛如一道天池；莲花池下口汇入岳庄、谭家东来之水，向西北经狭长的槽沟入石龙河本段。石龙河分前嘴、腰身、后尾三部。后尾较深，后尾前部有巨石铺卧，莫知边际，中稍隆，前端有石柱突起，高盈米，潜于水下，像龙翘首，故名石龙河。以下又汇入万庄、蔡山东来之水，向西流入前河。前河也叫前河涯，河水丰盈，河道宽阔，古迹珍珠泉、铁水牛、三官庙、南大寺、奉圣寺等均在其两岸。自西小桥至矿山桥为炉渣棚，因当年炼铁炉渣冲到两岸形成"铁岸铜崖",此段水深岸陡,以下经新河入微山湖。

石龙河水清澈透底,蓝天映收,岸边蒲草丛生,芦苇繁茂,柳枝低垂,杨树沙沙。两岸有清泉十余道,泉水淙淙,甘甜可口,水井十余口,多分布南岸。井与河通,以便汲水灌溉田园。

石龙河流水潺潺,缓缓西去。可雨季到来山洪暴发,河水横流,拍堤溢岸。山洪过后复又归槽,由于洪水冲洗两岸,使河道更加洁净。

20世纪60年代沿石龙河南侧另开一道水渠,可灌溉万亩粮田。河水相逆,排灌双用。可惜在以后多年,石龙河上源水流减少,又加利国铁矿及群采点矿坑转入地下开采,矿井深挖,水位下降,泉水干涸,河道断流,且两岸建筑壅土浸河,致使河道渐窄,河水改道。石龙河的面貌今非昔比,它的过去只在人们的记忆中。有诗一首,方可忆当年:

↑ 元代运铁河

长河自古水西流,历经沧桑几度秋;

微风拂岸蒲苇动,燕蜓轻点鱼戏游;

朝霞送帆归远去,晚照溪边浣女留;

渔人弄笛吟何曲,因赞甘汁润绿洲。

白家桥

白家桥，又名利国监桥、南大桥，位于利国村南部，是京福
公路必经之地。它全部用青石砌成，凌跨在古老的运铁河上，桥长
22 米、宽 8.6 米，呈圆弧拱形，拱顶采用纵联分布并列砌置法。
白家桥有三孔，中孔高 6.4 米，跨度 5.5 米；两侧孔均为 4.3 米；
石板桥面，光洁平整，两侧各有近一米高的石栏杆（现已无存，只
有古凹可证。1996 年安装新石栏杆）。整个桥体组合精巧，造型
优美。桥的砌石之间，全部用"米汁沙"黏合。在大些的缝隙中，
填垫铁片，还有不少"铁瘤子"。拱石之间的内侧，用"X"形铁
楔联结，铁瘤与铁楔既展示了该桥在建筑学上的独创之处，又可窥
见当时利国炼铁规模之一斑。拱石外面凿有一线到底密而匀的斜纹。

↓ 白家桥

桥墩逆水方向砌成三角形，以减少水的冲击，既美观又科学，显示了古代桥工的聪慧匠心。

据《读史方舆纪要》和《大清一统志》载："宋置利国监于山下（盘马山），其阳有运河，元人置利国监桥于其上。"这就是利国监桥为元朝所置的依据。元代桥梁在北方甚少，此桥是铜山县古老的石桥之一，被列入县重点保护文物。历经七百多年风风雨雨，除桥栏杆不知毁于何年之外，至今仍可通行载重汽车和坦克。

据传，明嘉靖十五年（1536），祖籍利国的富商白昆乔迁南京，临行前捐资修建白家桥，桥南筑一小塔，且镌有碑记。里人为感其德，取名"白家桥"褒颂。

关于白家桥，还有种种传奇。桥落成后，在中孔内上侧拱石上，白昆亲手题字"桥毁他修"四字。康熙年间，江南二江湖术士来此行骗。一日游湖乘舟归来，至拱桥下小憩，偶然发现此四字，甚惑。盘桓多日，蓄意观察，桥南小塔使其顿悟："他"者，"塔"也，塔下可能藏有金帛，留给后人作修桥之资。遂乘夜毁塔盗金而逃。白翁善意付诸流水。

古代驿道、驿站与马厩

利国村远在秦汉时期就开通利国驿道，据上了年岁的人回忆，原驿道从白家桥经盐店街、南北街到牛头山人大道，后来利国北门外一条官道开通，有5~6米宽，均是土路，"晴天风起迷人眼，雨天泥泞人难行"，北起牛头山，向南通过北寨门、张家店、厉家店，穿过商业街，铁水牛北侧，向西拐，过白家桥下正南至利国铁厂石灰厂，村内全长达两千多米，是南北交通的主要干道，同时也是全村百姓生产、生活的重要通道。这条驿道留下了乾隆下江南浩浩荡荡的脚印；记载了国民党反动派及其残渣余孽溃退南逃的丑恶行径；更重要的是记载了劳动人民流血流汗、生存发展和创造未来的历史。古驿道后改建为104国道。

秦统一六国后，开交通设驿站，利国驿站设立。利国驿站在徐州地区除彭城驿外，是较大的一个驿站。驿站是古代传递政府文书的人更换马匹或休息住宿的地方。驿馆设在原

↑ 利国古驿站

村东井崖，西自驿道街，东止刘家林，南临小路，北至厉家店一带，面积约三万多平方米。驿馆当年三面有墙，唯西面邻路，有漂亮的大门，里边除有较高层次的瓦房客厅外，还有休息室和餐房等，有房屋20~30间。利国驿馆驿长徐佩之，南管石山驿，北管多驿，驿馆既是通讯管理单位，又是官员往来、休息场所，里人都叫"公馆院"。清宣统二年（1910），因津浦铁路竣工通车，驿站没有存在的价值，公馆院逐年败落，杂草丛生，房

屋倒塌，后官府将驿站变卖给厉姓等户。中华人民共和国成立前夕，村里老年人还能见到公馆院附近有硕大的石料，现已荡然无存，已成为村中繁华商业街一部分。

据《铜山县志》卷二载："明朝利国驿站的马厩设在马神庙。有通讯马匹 125 匹，马夫 125 名，驿长 1 名，站役 4 人，马匹由马夫专管专用。工食银 748 两，口粮禀给银 500 两，每年支付粮、银 1836 两，鞍棚场银 216 两，每年计领皇奉银 3300 两。"当时每亩田作价 9 两，可购田 360 多亩，驿站人马之多、耗资之巨，可想规模之大。清康熙十六年（1677），驿站撤销。据村老人回忆，当时驿站尚有马匹七十二头半，半者为驿长使用的一头驴，享受半匹马的待遇。

驿站马厩原在盐店街路东（现幼儿园北侧徐凤西家一带），后因驿站扩大，马匹增多，从盐店街挪到东西街北面、后大汪南侧，里人称"马号"的地方（现在十八村民小组）一带，东邻厉家大院，西至华佗庙西，在马号前侧建有一座马神庙，原为公产，后因津浦铁路通车，驿站裁撤，房子无人问津，附近村民纷纷占用，直至抗日战争后期，仍遗留数间破房沦为赌场。随着岁月的流逝，庙毁村荒，马厩没有一点痕迹。现为十四组、十八组居民区。

泗水漕运重镇

利国位于泗水河东岸，古称留城东大门，自古就是漕运重镇。因南下船只过秦梁洪和百步洪很缓慢，几千只船要候几十天才能过洪，故在此设港口转运。江南的漕粮每年由南往北转运一次，通常是入冬开仓验收，冬来春初启运，3月过徐州入闸河（微山湖区），夏季到京，秋初又开始南下回空。每当春夏之交，微山湖万艘粮船连接北上，浩浩荡荡一字长蛇帆阵，尾拖百里。船上12万大军，由总兵督导，参政管押，严加管理。每船尚有百十人拉纤，一遇浅阻，河道官员督率大批役夫跟随疏竣挖浅，呵气成云，挥汗如雨。盘闸过洪更是喧声动地，喝令震天。由于每船准予负载各种土产，可以长途贩运，沿途倒卖，免征赋税，所以每当漕船重运，沿岸商贩无不奔走追逐，争购土产，微山湖区由此市场繁荣，利国大码头由此闻名遐迩。乾隆四次下江南途经利国，马可·波罗游览利国驿，都曾目睹利国的兴盛繁华。

利国港口

利国村西紧靠微山湖，1959年为农业灌溉，在古运铁河一侧又开挖一条引水河。随着乡镇企业的发展，县交通局于1961年投资4.4万元，在西河口南岸建利国码头，全长270米，年设计运量为30万吨。1975年新建利国港，占地10亩，有房屋16间，全站有管理人员8人，负责人更换四次，第一次为李为勤，第四次为马先伦。1991年以来，利国港先后向江南等地发运水泥、生铁等产品，为全村经济发展做出贡献。

京沪铁路

贯穿利国村南北的津（天）浦（口）铁路（现名京沪铁路），

于宣统二年（1910）八月二十九日竣工，同年十一月二十八日全线通车，民国元年（1912）利国火车站同步运营。1949 年 1 月 1 日利国火车站恢复运营，占地 180770 平方米，属客货营运站，按停车及运量划分，属四等中间站。

建站初期，站内有三股线，站台两座，站房一座，其中候车室 204 平方米，售票房 16 平方米，行车房 23 平方米，货栈 30.5 平方米。1916 年 9 月增建货栈 279 平方米，1933 年客站改建为 206 米 ×2 米、217 米 ×3.7 米。中华人民共和国成立后，随着客货运量的增加，国家又投入大量资金，新建和扩建一些项目，增建行李房 39 平方米，铁路专用线 4.274 公里。1959 年 12 月，徐州至利国段复线通车，运输能力大大提高。利国站 1973 年启用自动闭塞装置，新建信号楼一幢，计 279 平方米，站内线路改造为 5 股，长度为 806~938 米，可容车 56~65 辆，另增调车线 3 股，货物线 1 股，新建货运仓库 1 座，计 452 平方米。1978 年以来，利国站日均接发车 180 对左右。

利国站客运 1950 年发送旅客 1.8 万人次，1957 年为 8.7 万人次，1958 年至今较为稳定，每年约 15 万人次，年收入 1000 万元。

利国站货运以发矿石为大宗，1951 年 18.5 万吨，1961 年 76.5 万吨，至 1998 年下半年因利国铁矿井被淹，矿石运量减少。

历经沧桑古遗址

汉墓

1968 年秋，利国村驿道街北首 60 米、京福公路东侧利矿家属宿舍西侧，发掘一处汉墓。其总面积 36 平方米，计分 5 室，呈四室围中室布局的正方形。室高 12 米，墓底铺石板，各室有活动门相连。中室另有天门，皆以长条青石扣砌，室内石壁上镌有各式汉画石像，画面生动别致，雕工精细，栩栩如生。

中室是人首蛇身女娲像，姿态轻盈，双手起舞，横卧腾空，神秘离奇。北室为正室，壁石画面分上下两层，上层二人端坐，下层为一驾马车，装载物资，一人引马，一人扶车正在行进之中。东室壁上是一幢耸立在云端的楼房，中间高出两厢。楼上三室，每室各有两人，手持不同乐器，倚窗眺望。楼下两侧各有一室，室内各拴一马；中间一室有两人，似为饲马者，楼上两侧

↑ 出土汉画石像——庖厨宴饮

刻一对飞凤。南室壁上刻一鼓，以木贯其中，上有华盖，名曰"建鼓"。鼓上有饰物，鼓面有二人持枪对立。另有一张开的斜伞，上有四人作侧立表演，活脱脱一幅行乐图。西室是横幅条图，上刻 13 人，右第一人持戟，第四人头特大，其余 11 人都少许侧身，面向此人。

经考古专家发掘、鉴证，此墓当为西汉墓，早年被盗过，尚存一长 1.62 米铁剑，已锈毁，一面盔甲嵌用的护心镜，数十枚汉玉小件和部分陶器。中室有三具完整的头盖骨，一大二小，大者为汉时武官，其官爵当在侯以下，小者为殉葬的童男童女。

上述九块汉画石像均存藏在徐州市汉画像石馆，对研究西汉历史具有重要价值。

古皇殿

出利国驿北寨门，在一片广袤的平原中，横卧一道不高的土岭。因拔地而起，且西高东低，状似一公牛昂首，欲挣脱缰绳奔微山湖饮水，故称牛头山。头首处，有一片残砾废墟，是乾隆下江南在此修建的行宫旧址，故名皇殿。因采矿和建设，地貌全非，现建成牛头山矿业股份有限公司。

相传，乾隆皇帝御驾南下，顺京杭公路来到牛头山下，一侍官因长途跋涉，疲惫不堪，为借机小憩，遂向乾隆启奏："臣精易卜，善观风水。吾观此丘状如牛头，貌似险恶，地脉储黄龙沙，主有皇贵，系帝王风水之地，若不破解，有碍社稷。"乾隆大惊，问计于侍官，答曰："将公路改道，穿山腰而过，意在斩断龙腰，再于牛首处建一行宫，震住龙头。"乾隆准奏，立即传旨，拨款施行。据说，行宫建成后，乾隆只住过一宿，后毁于战乱。直到中华人民共和国成立后，在此遗址上还可捡到残砖断瓦。后人有诗斥曰："侍官进谗太荒唐，牛头错设殿皇梁；帝王不察妄准奏，耗尽民脂银万两。"

圣旨碑

牛头山孙氏宗祠前院东西两侧耸立两通碑，碑帽上冠有"圣旨"二字，这就是人们常说的圣旨碑，是清乾隆年间朝廷赐封给孙廷璠与其子孙振魁父子的。东侧这通封给孙廷璠，西侧这通封

↓ 圣旨碑

给其子孙振魁。碑高 3.72 米、宽 1.08 米，双龙碑冠，蟠龙碑身，雕刻精致完美。这两通碑不仅是珍贵的历史文物，同时也是孙氏家族现存的历史上获得最高荣耀的唯一实物，是宗祠的镇庙之宝。

↑ 圣旨碑林

孙廷璠，牛头山孙氏第十世孙，五支三房曹庄门，峄城区古邵镇曹庄村人。此碑受封于清乾隆三十六年六月，碑文由袭封光禄大夫衍圣公孔昭焕书丹。这在封建社会历史上，除皇帝御书外，是为数不多高规格的圣旨碑。

两通碑原立于利国镇利国村北孙廷璠家族陵地（苏鲁交界处）。20 世纪 60 年代"文革"期间惨遭破坏，陵地夷平，附属物石人、石马等石器均被损毁，两通碑被马山大队用于修路垫桥。1998 年，圣旨碑由族人费尽周折千方百计请回宗祠。孙廷璠这通碑虽受损但旧貌依存，而孙振魁这通碑毁坏严重，只剩碑帽无法修复。现在看到的碑体是 1999 年维修宗祠时由当时的家族理事会复制的。

孙廷璠父子受到朝廷赐封是以立碑形式公布的。据史料记载，明清两朝，五品以上官员有功者均给予不同形式的御封。本人之封曰诰授；曾祖父母、祖父母、其妻存者曰诰封；死亡者曰诰赠。圣旨碑实际上是清朝廷赐封制度下皇帝赐封文告的载体，它以赐官封爵形式予以奖励。

从碑文的抬头看：奉天承运皇帝制曰。秦朝以前，凡上级对下级发布的命令都可以称为"诏书"，还有"制书"，也叫"命"。《后汉书·光武帝纪》曰，制书者帝者制度之命，可见"制"或"制书"是有关重要制度方面的文告，较为隆重。"诏书"则是皇帝所发布的对某个具体人、具体事件的命令，所以说"令为诏"。由此可见，"奉天承运皇帝制曰"与"奉天承运皇帝诏曰"的区别就在于前者是有关制度方面的皇帝文告，而后者是皇帝对具体人、具体事件的命令。

这种典型的古汉语并带有浓厚八股文风的碑文，其实是皇帝御封给五品以上有功官员文告的一种通用文字范式。

碑文明载了孙廷璠受封缘于其子孙振魁。说到孙振魁，捐职州同武德佐骑尉，不能不提其世家。其祖父孙克纲六品；其叔父孙友璋六品；其叔父（孙友璋）之子孙振仁诰赠武翼大夫三品；孙振仁之妻杨氏诰赠淑人，在曹庄奉旨建坊。其叔伯侄（孙振仁）之子孙毓烈侯选游击，诰赠武翼大夫三品。其家族有：按察司经历四品；惠运侯选守备四品；御守所千总五品等。家族六代中三品2人，四品2人，五品6人，六品5人，监生21人。孙氏宗祠以"准大夫之制立庙五楹"的制式，是以这个家庭的官阶为依据的。考据族谱，整个孙氏大家族是利国官阶最高、监生最多的家族，历经六世盛而不衰，是利国人杰地灵的历史见证。

兴远镖局

兴远镖局与利国奉圣寺隔河相望，当地是王四爷（立树）的利国分号。镖局门外站立着佩刀着袍、冠戴整齐利落的镖务人员，驿丞周巡检是这里的常客，镖局生意兴隆，驰名大江南北。

王四爷出生于武术世家，祖父王凤璋，字霄成，道号慧聿，曾经是乾隆末年的漕运四品带刀都司，在青帮中享有盛名。四爷入迹江湖，侠肝义胆，凭着一个"义"字，广交天下朋友，最终做到脚行大头。鼎盛时期他的"王家车马行"人口逾千，洪车、马车三百余辆，江湖上有名的镖师就有二三十人，汇聚了全国武林高手、侠客，其中还有拳打俄罗斯拳王的中国神跤王子平的传人。

道光十二年（1832）二月，江苏巡抚林则徐沿驿路南巡上任常州，途经利国因天晚下榻利国驿馆，不料夜里却被临沂官贼张保仔尾随掳走。事发后，驿丞火急找四爷出面营救。四爷启动山东各帮派会道门，责令号称 28 拨响马之一的张进、史林恩翌日将林公接回利国驿馆。数日后，四爷密派镖师护送林则徐至目的地，一路相安无事。

自古以来，镖局都是刀口舔血的营生，最怕遭人暗算。因一次山西大宗官银失事，押运镖师全部吞金自杀，四爷几乎荡尽所有家产，把事情摆平，从此退出江湖，隐居他乡。

铜山岛

在烟波浩渺的微山湖东畔，有一座美丽的小岛，岛上铜矿资源丰富。岛的面积不大，只有一平方公里。山也不高、海拔 73.6 米，因其产铜而颇具盛名，远古蚩尤、彭祖、黄帝都在这里采铜铸鼎，造兵器、铜镜。清雍正十一年（1733）徐州晋升为府，彭城县易名铜山县，就是因铜山岛而得名的。据传，铜山岛废墟曾为当时铜

汉代鸠壶

春秋铜镜

古瓷器

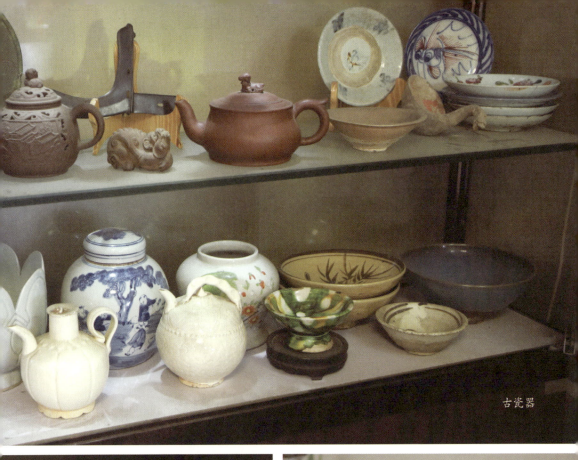
古瓷器

唐代鸡首壶

战国铜镜

山县治遗址。

铜山岛开采铜矿的历史悠久。据江苏省考古人员发掘的铜山岛附近汉代炼铁炉遗址证实，汉代冶炼技术很高，已开始使用立式高炉进行冶炼。据史记载，刘邦围剿项羽时，主战场在九里山下，总指挥所设在老薛城（现官桥），前线指挥所便设在铜山岛上。因此，铜山岛远近闻名。

公元前221年，秦统一六国后，在产铜较多的地方派驻"官营"督办。据《利国村志》（吴奇主编，香港天马出版社，2000年版）介绍，铜山岛采矿在秦代时已经采取了斜直井、平巷相结合的人工开采方式，竖井深达50米，在分层充填、斜层探矿、自然通风、下积排水和井架提吊等方面都让后人惊叹不已。1996年5月铜山岛下发现秦代采冶炼遗址和铜炼渣。那时铜山岛不论在规模和采冶技术上当属大型国企，关系国家安危和人民生计，因此引起秦始皇高度重视。利国驿是徐州驿使体系中的重要环节，其规模仅次于彭城驿。据《史记·秦始皇本纪》载，秦王政二十八年（前219），始皇巡游天下，登泰山后遣徐氏入海求仙炼丹后，到彭城秦梁洪求鼎未果，然后到利国产铜冶铁的铜山岛视察，极大地推动了利国采矿和冶炼的发展，同时也推动了利国驿使体系建设。

↑ 1970年出土的古代石斧

汉初，诸侯私造钱币的情况相当多，徐州一带尤甚，主要是铜山岛盛产铜之故。徐州产铜主要用以铸镜。在我国辽阳三道壕出土的一枚铜镜上铭文曰"吾作铜镜真是好，铜出徐州且明分"；在日本也发现了十余枚带有"铜出徐州"字样的铜镜。这些铜镜上刻着精细的神兽图案，直径都在 20 厘米以上。铸造年代相当于中国的曹魏时期。铜镜的铭文无论是"王氏作镜甚用大，铜出徐州刻镂成"，还是"铜出徐州、师出洛阳"，其意思都是夸耀徐州产的铜质量好。宋代元丰年间，北宋朝廷还在利国设立"宝丰监"专门铸造铜币；明代时这里地表铜已采掘殆尽，仅留下铜山一名，《明史·地理志》记载："州有铜山岛"，即指此而言，《徐州府志》说"城东北八十里（有铜山）曾产铜，岩皆锈，顶有大石数丈，似凿山而出者，具以此取名，其地原为彭城废具"。铜山岛产铜，引起许多历史学家、考古学家的兴趣，特别是日本学者，非常重视这一情况，因为这对解释在日本发现"铜出铜山"的三角缘兽镜以及日本古代史的一些关键问题，有特别重要的意义。

铜山岛原来为平陆上一小山，自明代微山湖逐渐形成后，铜山岛才成为水中孤岛，湖光山色，景丽如画，曾吸引众多文人墨客前来观赏。宋代曾任徐州知府的苏轼曾为利国铜山岛写下了《徐州上皇帝书》，提请皇上重点治理利国周围盗贼，以保国泰民安。明清二代，微山湖成为南北漕运的必经之路，清乾隆皇帝曾几度沿水路南下私访途经微山湖和铜山岛，并有诗作传世。众多文人游子也常常前来泛舟观赏。清代文人常安有诗《游微山湖登铜山岛远眺》：

微山湖水连白云，漫吞田土为鱼宅。

两度经过不曾游，纷纷扰扰红尘迫。

今日重来有余闲，烟消雨霁到铜山。

一朵清莲插明镜，孤标铜柱耐跻攀。

马山崎左龟山右，螺髻碧簪双竞秀。

龙女天孙梳洗新，湖心倒影千罗皱。

皱影渐移西阳斜，棹返南风破浪花。

闻望铜山渺不见，万顷光摇万顷斜。

常安还在《游铜山记》中写道"自念足迹遍天下，独此徘徊不忍去"，可见铜山岛景色优美。现今到铜山岛游玩可不必乘船了。1968 年，岛的南端筑了一长堤，与利国乡的黄山村相通，既改变了历史上两地靠水路交通的不便，且又以地形分割微山湖边沿一千多亩水湾，因地制宜分割成鱼塘。

如同无锡市，"有"锡还是"无"锡一样，徐州的铜山岛现在无铜，还是铜山，这是一个非常有趣的问题。历史上铜山岛确实盛产铜，三星堆青铜文明来源于古徐大彭国，包括徐国青铜器，其铜源自铜山岛。这是历史有据可查的。"二战"期间，日本清水株式会社曾在此开矿石，掠劫了大量的矿藏财富。中华人民共和国成立后，冶金部利国铁矿对铜山岛的矿产资源进行了机械化开采。按说，铜山岛已无铜可采了，史志上记载的铜绿斑斑的山头也无迹可寻了，但是，据最新勘探资料表明，在铜山岛附近峒山—厉湾一线地下深层还有丰富的铜矿，而且铜质优良。不少专家认为，随着经济建设的发展，地下开采技术的提高，在此将再建铜矿，届时铜山岛又可成为名副其实的铜之岛了。

小北山

小北山位于利国村北边，因山小低矮，故名小北山。小北山是一个名不见经传的小山丘，海拔 41 米，地势较平坦，东邻牛头山，西连微山湖，北接盘马山，南同今日第十、十一、十二、十八村民小组土地接壤。小北山（含以北）本是利国村土地，1958 年人民公社化时，把数百亩土地划给马山，直到现在小北山仍北属马山村，南属利国村。

"山不在高，有仙则名"，小北山出名是与西汉时期在此山南设"铁官"，唐朝置"铁冶"，宋代晋升为利国监有关，在古代"铁官""铁冶""监"是朝廷设立的管理铁业、征收税银的单位。

清光绪八年（1882）八月二十四日，胡恩燮在利国正式成立"利国煤铁局"，局址选定在利国驿小北山，认领矿山 10 座，征地 11 顷 87 亩，奉银 10 万两。由于资金不足，他先行开煤，后炼铁。光绪十年（1884）正月初六，上海《申报》刊登"利国煤井见红（出煤）"的消息，不久，蔡家山煤井因"井工难施，土泉泛滥"被迫放弃，后到青山泉、贾汪采煤。

世代相传古八景

清代李蟠①《利国八景》诗

自古留城②水西流，铁岸铜崖③隐渡舟。

朵朵青云拂银杏④，颗颗珍珠⑤泛铁牛。

三山⑥暗映微湖碧，二桥⑦遥连返照收。

更喜姜公残碑⑧在，黄昏翘首漫登楼⑨。

注：①李蟠，字仙李，又字根庵，号莱溪，彭城人。生于清顺治十二年（1655）五月二十九日，卒于雍正六年（1728）四月初一，享年74岁。他于康熙二十九年（1690）中举，三十年（1691）中状元，三十八年（1699）八月任顺天（北京）乡试主考官，因所谓舞弊栽了跟头，被流放三年才平反回家，平时以著述自娱。关于诗的评论，其本传上说："诗，潇洒爽逸，兴致繁富，不秩规绳。"最后终老林泉。

②"自古留城水西流"，因地点问题有三种说法：一曰彭城，二曰彭门，三曰留城。

③铁岸铜崖有说"沙岸铜涯"的。

④银杏，指西大寺庙前的树上树。

⑤珍珠，指徐家林下的珍珠泉。

⑥三山，指关帝庙、火神庙、东窑山。

⑦二桥，指白家桥、西小桥，也有说"四桥遥望"的。

⑧姜公名焯，山东昌邑人。康熙五十一年（1712）起，连任徐州知府十年。此指姜焯在珍珠泉边所立的碑。

⑨"黄昏翘首"有记"诗人写景"，也有记"徒然翘首"句的，指西大寺杏花园。

古八景

1. 树上树

从白家桥南，西行百余米即到奉圣寺。山门外 20 米偏东，有一唐代老槐树，高约 6 米，干围 8 米，树干中空。在中空处生出一株白果树，其干高出老槐树冠一米多，二冠重叠，均亭亭如盖；槐荚串串，银杏累累。二树异种，相依千载，各显英姿。里人取名"树上树"。直到中华人民共和国成立后，东北部分已朽，尚有老槐的半边树干，拥抱年年结果的银杏树。银杏树与奉圣寺内的汉柏于 1960 年被砍伐。

在"树上树"形成的种种传奇中，一则有关其成因的神话颇有意思：西天鸟王，差鸟使老鸹去蓬莱仙岛取白果仙种，老鸹采种归来，途经奉圣寺，在老槐树上休息。时值寺后花园杏花盛开，鸹因干渴，闻香生津，将果种吐落于老槐的枯洞内，老鸹盘旋三日，取之不得，长鸣而去。

2. 楼上楼

关于"楼上楼"的地址问题，有四种传说：

↑ 树上树

一说，是在东大寺。东大寺在白家桥南偏东处，在西厢房上建一小楼故名。

二说，东大寺奠基时，发现地下有一巨大石室，酷似古代高级官吏的墓室，建寺住持不仅不让发掘，反令在石室上建寺。里人戏称东大寺为"楼上楼"。当年的东大寺建筑雄伟，汉柏唐松成荫，钟鼓、牌坊罗列，香火不亚奉圣寺，毁于1937年。旧址已成居民区，地下有无石室亦无考。

三说，在利国驿围墙角，一座三层楼名叫谯楼，又名更楼，楼上建了一个小阁楼作为瞭望台。因利国是通往北平、南京的驿站所在地，昼夜有人守候。骑马报信的官差到驿站换号再跑向下站。

四说，是在马神庙。马神庙位于村西部。庙宇房脊中心上方，筑一八角小亭，亭高一米多，飞檐雕梁，极为精致。亭内塑有马神像，意为神上之神，曾一度香火旺盛。每年农历二月十九日为马神庙会，周围十里八乡村民届时来庙进香，祝佑六畜兴旺。后因末代僧人马和尚不务正业，将百余亩庙产挥霍殆尽，还俗而死，庙亦逐渐败落。旧址现已成为住宅区。

3. 珍珠泉

利国原有六沟、十泉、七十二眼井，有"泉镇"之称。珍珠泉（又名野沟泉）为十泉之首，其水冬暖夏凉，清澈见底。水从泉底涌出，似泛起串串珍珠，故名"珍珠泉"。据《铜山县志》记载，利国珍珠泉是姜焯至利国巡察时，发现泉水清

↑ 珍珠泉

澈异常，便主持疏浚野沟泉，并在泉边立碑以志，里人又称"姜公泉"，此泉历经 270 余年。

珍珠泉位于村东南墨松林，田家崖壁之下，在石龙河和洋桥沟交汇的矶嘴上，势如昂起的龙首，泉似龙头上的龙眼。流出的泉水跟洋桥沟的水汇集，经石龙河西入微山湖。二水在汇流的十米之内，清浊分明，宛若泾渭的缩景。冬晨，泉口升起袅袅烟雾；炎夏，歇晌在墨松林里的人们，从田家园买几根黄瓜浸泡在泉水中，食之脆凉，解渴祛暑。

珍珠泉水质较好，含碱低，又曰"甜水泉"，尤奇者，每担水较其他泉水重约 3 斤，酿酒最佳。早年，里人多舍近求远，争挑此水饮用，常有"珍珠泉水喝死不伤人"之说。据说当年乾隆下江南途经利国，发现此泉，专门派车运水，供沿途饮用。对珍珠泉的景美水佳，有诗赞曰：

> 好景应数珍珠泉，涌现珍玑多连贯。
> 千家万户赖饮用，争说醇绿可延年。

随着利国铁矿地下开采延伸，诸多井、泉相继枯涸，唯珍珠泉依然。利国铁矿为解决职工家属饮水问题，将珍珠泉封闭并建水塔为其专用。随着时代的变迁，墨松林无存，田家园建起民宅，洋桥沟水干涸，珍珠泉水亦枯竭。

4. 铁水牛

村南寨墙内有棵老槐，槐树西 10 米处有一水池，池东涯边有一铁块，露出地面的部分，高 92 厘米、长 220 厘米，呈南北俯卧，其状如牛，每逢雨季"牛身"多处向外渗水，故名"铁水牛"。据传牛已通神，有次涨大水，村民房屋被围，它大叫三声，水骤然退去。此牛 1983 年已经挖出地表，后又塌陷在四组池塘，1993 年因铺路将铁水牛垫在下边。

↑ 河铁牛

沿池边小径，向南出寨墙，是一溪潺潺流水，涟漪相衔，终年不绝，悠悠流向微山湖。溪上一座七孔矮桥，横架南北，距水面尺许，恰作捣衣石。每逢初夏，立老槐下眺望，村妇结伍，挽袖洗衣，嬉笑生辉；南岸苗圃点翠，北岸绿树成行；铁水牛牛首微昂，状如脱缰，似欲奔溪饮水，又似欲越矮桥奔田园耕作。

铁水牛形成的原因，据《汉书·五行志》记载，是"成帝河平元年（前 28）两次竖炉，因悬料不下，发生爆炸"所致。但在民间对铁水牛形成说法不一：

一说，宋将狄青在此炼铁造盔甲（详见前文《运铁河》），兵将麻痹，遭敌偷袭，工匠慌逃，致使铁水凝炉而成牛状。

又一说，铁水牛原是西天老子的坐骑，因触犯天条，被罚至此。虽身陷囹圄，尚有神道。为立功赎罪，旱季常施雨四方，有求必应。后人诗曰：

小溪四季水潺潺，岸边早有铁牛眠。

旱能降水神通大，语属无稽系讹传。

徐州黄河堰上也有一个铁水牛，主要是古人镇水灾、祈求平安之意。利国村也传《铁水牛》诗一首：

松树林下水悠悠，十里长堤卧铁牛；

青草迎面不下口，任尔鞭打不回头。

风吹遍体无毛洞，雨扑满身如汗流；

国朝命你镇利国，任尔脚下水倒流。

5. 透亮碑

清康熙五十七年（1718），徐州知州姜焯复浚珍珠泉时，于泉边立碑志念。一说此碑用水晶石制成，棱角齐整，磨制光洁，明亮如镜，尤其取该泉水擦抹，瞬间可视碑照人观景物，故称"透亮碑"。

1882年，清政府派徐州候补知府胡恩燮来利国筹办煤、铁未果。据说胡返回南京时，将碑盗走，置其私人别墅花园中，是否如此，无考。此碑至今下落不详。因遗失年限不长，乡里老人多能记忆清晰。碑失景非，当年赞词尚存：

立碑时值康熙年，七彩霓光映碧天。

前后景物互隐现，疑是秦镜落人间。

透亮碑的另一说：东大寺南，京杭公路东边有几通碑，因石料太差，中有缝隙，从碑左可见碑右，故名。此说当属谬传。还有一种说法：将"透亮碑"三个大字刻透，两面可以看到字，故名。

据传该碑清末时被人盗走，现存南京博物馆。

6. 二桥头

运铁河，自东向西横穿利国村，将村庄一分为二。两岸村民交往不便，更不利北岸村民去南岸耕作。中有白家桥，沟通南北。

上游河南有一泉曰"南泉"，水质好，宜饮用。河北厉姓村民捐资铺架一座七孔小石桥，村人称"厉小桥"，方便取水和耕作。

下游奉圣寺后、城隍庙前，河南岸，有一"西泉"，水似南泉。

两岸村民在两岸之间的河面上架五孔小石桥，以利往返。

逢旭日东升或斜阳夕照之时，停立白家桥头，环顾左右二桥：桥上，村民挑担汲水，荷锄牵牛；河面，农妇洗菜淘米，波光粼粼；衬以岸边绿柳，空中炊烟，好一幅农家乐图。故有"二桥遥连"之说。

7. 三山不见

利国村建在由东至西、首尾相连的三座小山上，三季度称"秋"，小山即"丘"，故《唐书·地理志》上称为"秋丘"。

三山旧址为东窑山，火神庙、关帝庙坐落处，下东窑山即出东寨门，门外一片旷野。过关帝庙西行，地势越来越低，直至微山湖。火神庙是全村制高点。登大殿屋脊西望，越过大片民房，可见波光帆影，鱼跃鹭飞，微山湖风光尽收眼底。

因日久年远，火神庙风雨剥蚀，尤其是人口增多，房屋鳞次栉比，致后人只见村落不见山，"三山"名存实亡，故曰"三山不见"。

依村民姓氏推断，村东部多张姓，传说为汉留侯张良之后裔，故利国村有留城东大门之说。后人有诗曰：

地设天生景不同，三山隐约享盛名。

旭日斜阳照微湖，备览风光忆古城。

8. 水倒流

相传，共工怒触不周山，天柱折，地倾东南。故中国四大江河大都向东流。利国地属丘陵，地势东高西低，其水西去，即"水倒流"。

"水倒流"实指石龙河，它发源于柳泉乡前杨家村南山下。宋时，为冶炼运铁之需，顺自然地形开挖，村境内全长五公里，入微山湖，通运铁河与大江大海相连。运铁河从宋时资运起名，而今却成为墓山、光山、大成山一带排洪沟。

　　石龙河清澈见底，终年不涸。上游南岸柳枝随风轻拂；下游南岸苇叶沙沙作响，水中游鱼可数，水面鹅鸭嬉戏。人们在岸边汲水灌溉，洗衣淘菜。入夏此处成为天然浴场。石龙河帆影鱼跃，妙趣横生，其他胜迹难以比拟。

　　中华人民共和国成立后为扩大水浇田，引微山湖水灌溉，石龙河顺天应人，汲湖水向东流；遇雨季，仍倒流，无论正流逆流，均为民造福。

八景之外四景点

1. 乌龙潭、石龙

　　石龙河上游为乌龙潭，右侧有水潭一座，潭顺河身长约三十米、宽约二十米、深约六米，陡岸，四周芦苇环抱，水色乌黑，故名乌龙潭。人莫敢进，有一溪口与河通。石龙河在珍珠泉翻水站西侧，由石龙前嘴、龙身、龙尾三部分组成。前嘴两岸由炉渣棚封固，由于长期被水冲挖，形成一条狭沟；河身前部较宽，河床坦平，夏季为青年人洗浴的天然水池；河身后部水底有青石铺卧，略隆起，不知边际，石脊曲折蜿蜒，至前部有石柱突起，高盈米，径如石磙粗细，常年潜在水下，干旱季节时有微露，形似龙首昂起戏水，故名石龙，龙尾部分渐细，直向东南甩去。下游为前河涯。由万庄、郝家、林头南山之水下来与珍珠泉汇流，河道较宽，河水丰盈。平时河水缓缓西流，桥下水声潺潺，然夏季大雨来临，山洪暴发，滔滔黄水滚滚西流，几天过后水退如常。

2. 莲花池

　　远在清朝光绪年间，铁水牛南运铁河内是一个天然的池塘，东西短，南北长，水深达两米许，原为南北河道，呈挺直的水带状，似南天一道天池。池塘内藕是手植还是野生不详。每到夏季，荷花飘香，故名"莲花池"，曾引来不少人驻足观赏，久而久之形成利国一景。

莲花池下口汇入谭家、邵家、林头、岳庄东来之水后，向西北方向流入石龙河。每到炎夏，附近不少孩童在此洗澡戏水或出没于莲花丛中。

1957年农业合作化时期，后街刘某某在此洗澡不幸淹死，从此洗澡的孩童稀少。1959年经济困难时期，一些社员不断到河里挖藕，又加干旱无雨，荷花池已不复存在。

3. 烟墩

利国的古迹较多，烟墩就是一个遗迹。村南两里，京杭古道西侧，有一个高大的土墩，位于二郎山东坡下的高处，村人称烟墩。烟墩底围约八十米、高十米，上底稍平，形似圆台，经考为古代遗留下来的烽火台。村北皇殿附近（现十八村民小组）亦有一个烟墩，不过早已无存。

烟墩建于何代，目前尚无足够资证。据史书探究，最晚当在元代，《利国村志》称：元代很注意交通设施建设，驿站制度，在北方蒙古早已建立。1271年世祖忽比烈建元后更在全国推行。驿道以大都（今北京）为中心向四方辐射，京杭古道就是元时大都至杭州的驿道。明代仍沿用驿站制度，利国驿、石山驿等驿站就是永乐十三年（1415）复又设立的。驿道的行通，早于驿站的设立。烟墩，一般说与古道是相关的。烟墩的筑建，还要追溯得更远。

烟墩当时曾起到一定的作用。不过随着交通的发展，军事状况的改变，渐渐失去它当时的作用。烟墩已成为孤立的土墩。利国村南的烟墩，20世纪50年代尚存，随着人民公社大规模地取土而荡为平地，现已无迹可寻了。

4. 海市蜃楼

在利国村西一公里许的微山湖水下面，有一座古城，史称留城。周时留城为宋邑，秦朝置县，汉时为张良封地。据史料载：留城原是苏北鲁南政治、经济、文化中心，市井俨然，楼舍栉比，商贾云集，人车攘往。至唐朝前，该城一直保持繁华景象。金明昌五年（1194）黄河改道，夺占泗水，留城淤淹。民国三十一年二月至三十四年八月，微山湖干涸，凡到过湖里的人，偶尔能目睹旧城瓦片。

湖区百姓对留城淤淹有不少传说，"留城六十年现一现"就是其中一说。据老年人说，每到六十年沉湖那一天，人们都能看到那片水域上出现旧城面貌，依旧是古时市井，古时车马和身着古装的人群。众所周知，蓬莱仙阁的海市蜃楼景观几乎每年都出现几次，而留城六十年才出现一次，这更加稀罕，若能躬逢其时，可谓"眼福"不浅。在利国就有人饱览到留城海市蜃楼的奇景，他就是百岁老人秦培德。1970年腊月的一天清晨六点半钟，他早饭后，沿村北人造山西边小路，步行到利国铁矿一场上班。当走到十队牛场（现第十村民小组居民区），只见西北湖面上出现了旧城街道，多房舍、少楼房。在人造山北还有一座规模宏大的庙宇，殿脊上飞龙走兽，寺院名称依稀可辨，两廊房整齐，山门外还有古时车马往来。大约过了三四分钟，幻景消失。秦培德老人很健谈，每谈起此事，他深感荣幸说："这是我亲眼所见，咱不会胡侃，此事我已同利国街上的老年人谈了多次。"大家都说他好眼福。目睹留城海市蜃楼景观的，还有沿湖区村庄的一些老人。

　　民俗，即民间风俗习惯。一个地区民族文化的形成，有其深厚的历史渊源，利国也不例外，既有岁时、观星、数九以及二十四节气生产生活习俗，还有十五种节日民俗和与其他地区有明显区别的婚嫁习俗、生育习俗、丧葬习俗等，反映了浓厚的当地民俗文化。

第三章

民俗信仰

利国姓氏

利国百家姓

利国村自宋代以来，就是一个人口众多的大村庄。中华人民共和国成立初期有人口4372人，那时就有"三徐、二厉、九刘、十八张，无王不成庄"之说。1998年初步统计，利国有128个姓氏（不含利国铁矿、非农业人口、流动人口），其中有六大姓，即徐姓306户、1234人，占全村总人口的10.97%；王姓296户、1489人，占全村总人口的13.24%；厉姓276户、1195人；张姓271户、960人；刘姓248户、950人；李姓235户、920人。利国人已将全村128个姓氏编为《利国驿百家姓》四字歌：

徐王厉张　刘李胡杨　郑彭董郭　孙权曹梁

吴齐陈赵　单姚鲁黄　马田许周　高付孟杭

丁朱殷狄　薛邵褚汪　苏邱蔡石　于郝潘庞

雷吕宋钱　戚肖冯党　金耿侯范　邓杜闫汤

谢贺糜秦　卢何胥蒋　袁韩牛谷　祖辛施方

叶聂鹿焦　夏余神方　左白程钟　平邹明房

滕靳孔曾　顾昝崔项　岳罗尹睢　兰奉华章

风段姬闵　邢葛裴庄　刁管窦武　满佟翟常

一二八姓　分布三庄　团结友爱　共创辉煌

利国主要姓氏及堂号

利国各姓氏都有自己的"堂号"。堂号是家族门户的代称，是家族文化重要的组成部分。它产生的宗旨大致有三：一是彰扬祖先的功业道德；二是显示家族宗亲的特点；三是训诫子弟继承发扬先祖之余烈。堂号包括郡望、总堂号和自立堂号。由于历史文化习俗的影响，人们在谈到和自己同姓氏的历史名人时，往往流露出一种尊崇、自豪之情。

1. 殷氏（三仁堂）

《微山殷氏族谱》由八世祖黄门公于康熙九年（1670）独自出资创修为《古滕殷氏族谱》。此前有契谱传世，创修族谱的戳尔祖，转承始祖为一世祖。迄今330年间共修五次，历代光祖无不以修谱为己任，为后代子孙留下宝贵财富。此次为第六次修谱，于2002年8月完成，体现了殷氏四千多年的历程。

利国殷氏为三仁堂，微子后裔，在微山建有殷氏族林，微山岛上有微子陵园、微子基、微子殿，每年都有祭祖活动。

殷氏由于历史的缘故在《百家姓》中无地位。

2. 彭氏（仁寿堂）

彭氏为颛顼帝后裔，以国为姓，始祖为彭祖。相传，颛顼帝有玄孙陆终，陆终有六子，其子彭铿，被封于大彭，建彭国，为商朝的诸侯国。相传彭铿长寿，活了八百岁，因此被称为彭祖。其子孙后代以国为姓，称彭氏。利国（仁寿堂）祖居前彭家，后迁徙至河南，后又回迁，现徐州及全国各地均有仁寿堂彭氏居住。彭氏优良家风世代相传，仅清代该支系有胞兄二人同科中双举，誉满彭城，激励后人好学上进。抗日战争时期，族人彭长近、彭长军（爱民）、彭长右三兄弟不甘做亡国奴，先后参加地下党和八路军运河支队，为穷人翻身求解放建功立业。利国村彭广营 1959 年被评为全国劳模，参加国庆观礼，曾受到毛主席、周总理接见。该宗族人彭长国先生得益于政府信任，广泛联系世界各地彭祖后裔，常年来徐交流彭祖文化，于 2006 年 10 月曾协助徐州市政府主办世界彭氏联谊大会，并当选为会长，以仁寿堂为主体承办首届国际千人祭拜彭祖大典和首届国际学术研讨会。《人民日报》和中央电视台均做了报道，在海内外产生了一定影响，被徐州市电视台采访组称为彭城原住民对外交流的第一大姓。

3. 刘氏（清藜堂、继汉堂、高祖堂）

刘姓的主要来源有三：其一，出自祁姓，是帝尧陶唐氏之后裔；其二，出自姬姓，为周太王之后；其三，出自他姓，为他族、他姓改姓或赐姓。

刘姓发源于河南、陕西等地。战国时期，陕西的刘姓人迁居到江苏等地。汉朝建立后，刘姓作为国姓，成为当时的全国第一大姓氏。利国刘氏，为刘邦后代。以马山居住最多。

利国刘氏较多，共有三个堂号，即清藜堂、继汉堂、高祖堂。

4. 张氏（百忍堂）

张姓的主要来源有三：其一，出自黄帝之后裔挥，被黄帝封为"弓长官"；其二，出自姬姓；其三，出自赐姓或他族改姓。

利国百忍堂张氏，其开基始祖为西汉留侯张良裔孙张歆。

5. 杨氏（四知堂）

杨姓的来源主要有四：其一，出自姬姓；其二，出自赐姓；其三，出自他族改姓；其四，出自他姓改姓。利国杨姓四知堂在全国杨姓中最为著名。杨姓在当代中国人口排行中排位第六。

↑ 张氏族谱

利国杨姓由山西洪洞移民至此，已有六百多年历史，徐州地区统称"山西杨"。

6. 李氏（陇西堂）

李姓来源有三：其一，出自嬴姓；其二，出自他族改姓；其三，出自他姓改姓。

利国李氏陇西堂发源于河南，西汉时开始向山东迁徙；东汉时，李姓人开始向西南地区发展，在四川、云南地区都有分布，其中有融入当地少数民族的。唐朝之后，主要驻守北方的李姓开始迁向南方，进入福建等地。因为李姓在唐朝时为国姓，因此李姓在这一时期发展达到顶峰。明朝初期，居住在福建的李姓人开始渡海向日本等国外迁徙，而明朝末期，有大量的李姓移居台湾。

李姓是当代中国人口最多的姓氏，全世界的李姓人数已经超过一亿。

7. 厉氏（世德堂）

利国厉氏，名门望族，在利国总人口中占前几位。根据《左传》记述，鲁僖公十六年，也就是公元前 644 年"厉国"还存在着，距今两千六百多年。厉国是先秦时期的国家，是《彭城厉氏族谱》

中厉姓受姓渊源所在。《彭城厉氏族谱》创修谱序记载："我厉氏之先自神农厉山氏之有天下也，是为厉国。国灭是为厉乡，其后支派延流南阳，荆楚。实渊源有自也，后又迁居山西、河南、河北等处。"据专家考证，厉姓的得姓地，有湖北随州、河南鹿邑、河南息山、山东聊城西、山东章丘西北、河南商城南等四个地方。

明宣德四年（1429）祖居山西平阳府的冶炼世家厉志刚落户利国苗家庄，炼铜铁、铸炉鼎、造兵器，厉氏家族才在利国落地生根，渐成望族。

8. 王氏（三槐堂）

王姓的姓氏来源主要有五：其一，出自姬姓，是周文王之后；其二，出自妫姓，为齐田和之后；其三，出自子姓，是殷商王子比干之后；其四，由少数民族改姓而来；其五，出自赐姓或者冒姓。

宋朝大文豪苏轼任徐州知府时，著有《三槐堂铭》，对王姓大加赞扬，成为文坛佳话。

根据中华伏羲文化研究会华夏姓氏源流研究中心的最新研究，在百家姓排名前三位的王、李、张，分别有9500多万人、9300多万人和9000万人，三姓人群约占全国总人口的21%，"王"姓是中国第一大姓。

王培基（吉）烈士是利国为数不多的抗日烈士，这在《徐州府志》（赵明奇主编，中华书局，2001年版）《江苏人民革命斗争群英谱·徐州市》（蔡玉华等编，江苏人民出版社，1999年版）都有记载。在纪念抗日战争胜利50周年时，利国镇人民政府为王培基烈士立碑。

9. 狄氏（斗南堂）

利国谭家村狄氏，系神探狄仁杰、枢密使狄青后代。狄仁杰，"唐高宗年间迁大理丞、一年之中断滞狱 17000 多人"；"任宁州刺史时抚和戎夏，政绩显著，州人立碑颂德"；"入朝冬官侍郎，充江南巡抚使，焚毁吴楚淫祠 1700 多所等"，其功绩世人皆知。

枢密使狄青奉旨率兵将到利国采铁，就地冶炼、制造盔甲和冷兵器，属全国四大冶铁基地之一。《利国大景》诗中提及的"铁岸铜崖"就是狄青在此炼铁做盔甲所遗存。

利国狄氏据《狄氏族谱》载，利国谭家村狄氏系乾隆十一年（1746）由山西迁徙而来，至"传"字辈为"谭家世系狄氏族谱"第 21 世，根据"狄仁杰传世家谱"推算，谭家村狄姓从狄仁杰起已传 74 代。"传"字辈应为狄仁杰 72 世孙。

10. 郭氏（汾阳堂）

郭姓的起源主要有四：其一，出自夏、商时代郭支与郭崇的后裔；其二，以居处为姓氏；其三，出自姬姓，为黄帝姬姓后裔；其四，出自冒姓或改姓。

郭姓发源于河南、山西、陕西等地。春秋战国时期，郭姓人已经分布在山东、河北的部分地区。汉朝以后，郭姓人一直以山西为繁衍中心，持续了很长一段时间，此外，汉朝时亦有落籍于内蒙古、甘肃、四川、安徽等地的郭姓人。魏晋南北朝时，北方战火频繁，为避战祸，郭姓人大规模南迁，散居在浙江、江苏等地。隋唐时期，郭姓已发展为山西、山东的第一大姓，同时有郭姓人徙居浙江、江苏、湖北、福建等地。五代十国一直到宋元时，郭姓遍布全国。明末清初，居住在福建的郭姓人渡海迁居台湾，进而远徙欧美及东南亚地区。

11. 赵氏（半部堂）

赵姓起源主要有二：其一，出自嬴姓，其始祖为以擅长驾车著名的造父；其二，出自他族改姓。

赵姓发源于山西。到战国七雄之一的赵国灭亡时，赵姓已分布于山西、河北、河南、山东等地。秦初始皇派赵公辅任西戎地区的行政长官，居住在天水，很快就繁衍成当地一大望族。同时，赵王赵迁因流放到今湖北房县，子孙在今湖北繁衍，后赵佗建立南越国，又把赵姓推到两广。由涿郡赵氏赵匡胤建立的北宋使赵氏人口得到了空前的发展，自宋代后，赵姓遍布全国。

在清乾隆下江南路过利国时，为破牛头山风水，派太监与利国赵姓先认本家，再占用牛头山赵姓土地建牛头山行宫等故事，几百年来在民间一直流传。

因北宋政治家赵普"半部《论语》治天下"闻名于世，半部堂由此而生。

12. 钱氏（复兴堂）

钱姓出自彭姓，是以官职命名的姓氏。颛顼帝有玄孙陆终，陆终有子名钱铿，被封于大彭，建彭国，为商朝的诸侯国。因此，钱铿又称彭铿。彭铿长寿，寿过八百，被称为彭祖。彭祖有孙子名叫孚，西周时任钱府上士，是掌管朝廷的钱财、负责钱财的管理和调度的职位，于是以官职为姓就姓"钱"了。孚的子孙也都以官名为姓，称"钱"氏。钱姓发源于陕西，兴盛于浙江。唐朝末年，钱镠建立吴越国，政绩卓著。

世界著名科学家、中国科学院院士、全国政协副主席、上海大学终身校长钱伟长先生,生前多次来徐州彭祖故国祭祖,他说:"彭城,源自彭祖开创的大彭国。彭祖是颛顼帝的玄孙,陆终氏的第三子,姓钱名铿。我所姓的钱字,就是钱铿的钱字去竹字头而来。钱姓的祖先是彭祖。我的祖籍是彭城……我是彭城钱!到了徐州,我就回到老家了!"并提出了"研究彭祖暨对华夏文化开创之探索"的科学命题,极大地推动了彭祖文化的研究和应用,为文化强市奠定了基础。

13. 徐氏(横三堂、三益堂)

徐氏是起源比较单一的姓氏,主要出自嬴姓,是颛顼帝玄孙伯益之子若木的后裔。

相传伯益因协助大禹治水有功,帝舜除了赐他嬴姓以外,还将本族姚姓女子嫁给他。姚女为他生下二子,小儿子便是若木。因为他父亲的功劳,夏禹时被封于徐地,建立了徐国。春秋时期,徐国为吴国所吞并,其后世子孙便以国为姓,是为徐氏。

据《明史》载,开国元勋徐达之子嘱其子孙曰:"先考辅太祖定鼎金陵,智勇著称,以施仁布德广结天下益友……要怀三益之德也",故后嗣者谓"三益堂"。

利国徐氏,名门望族,占利国总人口前三位,有东海郡分支。

14. 高氏(渤海堂)

高姓的起源主要有四:其一,出自姜姓,是炎帝的子孙;其二,以王父为姓氏,据《通志氏族略》所载,齐惠公的儿子名叫公子祁,字子高,其后裔为高氏;其三,出自他族、他姓改姓;其四,以"高"字开头的两个字复姓,所以改单姓"高"为姓氏,如高车氏、高堂氏、高阳氏等。

利国高氏为渤海堂，祖籍渤海郡。

15. 陈氏（颍川堂）

陈姓的主要来源有四：其一，出自妫姓，为虞舜之后裔；其二，出自陈国公族后裔；其三，出自他姓改姓；其四，出自少数民族改姓。

利国陈氏为颍川堂。

16. 孔氏（至圣堂）

孔姓的主要来源有五：其一，出自子姓，为商汤王后裔；其二，出自子姓，为春秋时宋国王族孔父嘉；其三，出自郑国姬姓；其四，出自卫国姬姓；其五，出自陈国妫姓。

利国孔姓为至圣堂，祖籍山东曲阜。

↓ 牛山孙氏宗祠牌坊

17. 马氏（扶风堂）

马姓来源主要有三：其一，出自嬴姓，为颛顼帝裔孙伯益之后，其始祖为赵奢；其二，出自他姓改姓；其三，出自他族改姓。马姓堂号主要有扶风堂、驷德堂，回升堂等。

利国马氏属扶风堂。

18. 孙氏（安乐堂）

孙姓的起源主要有六：其一，出自姬姓，为卫国国君康叔的后代；其二，出自芈姓，为春秋时期楚国令尹孙叔敖之后；其三，出自妫姓；其四，出自子姓，为商王叔父比干之后裔；其五，出自他族改姓；其六，出自他姓改姓。

安乐郡，东汉置郡，治所在临沂，今山东省高青县高苑镇东北，此支孙氏为"兵圣"孙武之族所在。现利国孙氏为安乐堂。

19. 曹氏（燕翼堂）

曹氏的起源有三：其一，以国为氏，出自颛顼帝玄孙陆终之子；其二，出自姬姓，始祖为振锋；其三，出自他姓，他族加入。

利国曹氏堂号为燕翼堂。

谱牒、家族及称谓

1. 谱牒

谱牒，亦称"家谱""宗谱""家乘""族谱"，是旧时记载一个家族历史的谱籍。

在谱牒中，记载着当地的许多重要历史资料，与地方志有着密切联系，地方志中的许多重要历史资料是在众族谱中采录的。

创修或编修族谱一般都在盛世进行。在社会安定、经济繁荣、

↑ 微山殷氏族谱

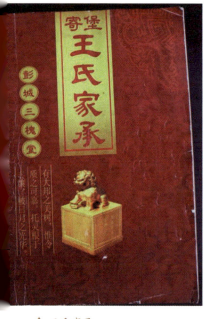

↑ 王氏家承

人民安居乐业的环境里，人们总会思念先祖和在以前战乱中失散的族人，通过修谱的方式进行查访，使其寻根和认祖归宗。家族中曾出现过历史性的大事，重要人物也须记载下来。因此，就有了创修或续修族谱的习俗。

族谱的体例一般分创修或续修说明、各支系的排列等内容，这是族谱的主体部分，从始祖排起，下分一世祖、二世祖、三世祖等，每个世祖代表一个支系，支系又分支系，层层下分，就像一棵大树，有主干、支干，支干再出枝杈；还有传记、后记等。

在支系排列中，男人排在前面，写明出生日期，亡故的还要写明去世日期。妻子排在丈夫左边，不写名字，写某氏、某某之几女。父母下边排子女，子，写姓名、出生日期；女，不写姓名，只写几女，以示男尊女卑。如有一男少亡，又没有别的儿子，亦无继嗣，在其名下写"绝"。这种情况很少，旧时，常听人咒某某"绝户头"，被认为不干好事就要绝种，所以人们千方百计，即使是外姓，也要找一个男孩来改姓继嗣。中华人民共和国成立后，男女平等，特别是经济发达的今天，有些女孩在各方面都超过男孩子，社会和经济地位都很高，人们的思想观念已经转变，在族谱支系排列上和男孩子享有同等待遇，有突出成就者还被载入族谱的"传记"，从中可看到社会文明的发展和进步。

↑ 赵氏家谱

修谱经费，多是在本宗各支系中挨家挨户征集，不是绝对平均派数目，而是根据各家经济状况，富裕者多拿点，贫困者少拿或不拿。族谱出版后阖族要举行"送请"仪式。一般在祠堂举行，由族长主持，先焚香祭拜先祖牌位，祭毕，由族长"送族谱"，各支系长门长支"请族谱"。不能说"给"，也不能说"拿"，否则就是对祖宗不恭（因族谱中记载着始祖和各世祖的名号）。在送谱中，晚辈是摊不到的。但是每一个支系里都有长辈，所以说每一支系都能摊一部族谱。

族谱的保管和珍藏的规定也很严格：必须放在长支家由长子保管，要用黄布或黄色绸缎包裹起来，不能随便翻看；要翻看，事先要净手（洗手）、焚香、参拜毕才能打开，以示对先祖的尊敬和孝道。如果外姓人或至亲借阅，不能说"借"只能说"请"，或说"拜读"；必须家长同意，子女无权擅自出借。借阅者必须带一块新买的黄布或黄绸子重新包裹。借、还都必须选择吉日。

有家庙的人家，应把族谱放在家庙中先祖的牌位前供奉起来；无家庙者应放在堂屋正间后墙（北墙）条几或八仙桌后方蒙上红布，或放在专做的红漆木箱中，木箱上再覆以红布（因黄布表示吉祥，红布表示喜庆）。到了现代，家庙、祠堂很少存在，有谱牒的人家就珍藏在书橱里，不放在明面，一般情况下，也是不随便让外人翻看的。

2. 家族

家族是以婚姻和血缘关系结成的社会单位。在原始社会群居尚未产生家族。而后有血缘家庭（族）。随母权制氏族公社的形成，乃有母系大家族，即男子居住女方，世系依母系计（群婚时代知母而不知父）。至父权制氏族公社，则出现了父系大家族，即女子居住男方，世系依父系计。随着原始公社制解体，父系大家族逐渐分裂为若干个体家庭。中国古代曾长期存留父系大家族制或父系家长制。到了封建社会晚期，父系家长制开始衰落。

家族的传统观念是以古代"九族"制为代表的。九族，即以本人上至高祖、下至玄孙计。高祖再往上，即为远祖；玄孙再往下，便成五服以外支系。古代传统的五服丧服制，即"斩衰""齐衰""大功""小功""缌麻"五等丧服制，为九族血统关系的标志。

在封建社会，规定五服之内不准通婚。中华人民共和国成立后，"姨娘亲""姑舅亲"皆被禁止。

家长制是家长拥有统治权力的家庭制度。起源于原始社会末期确立的父系家长制家庭。在家长制家庭里，家长拥有最高的地位和无上的权力。

在社会主义制度下，男女平等，女人不再依赖男人养活，人人（指成年人）能够自食其力，那些"四世同堂""五世其昌"的封建大家庭解体，出现多数是两代人、少数为三代人组成的小家庭。

利国民俗

民俗，即民间风俗习惯。一个地区民族文化的形成，有其深厚的历史渊源，利国地区也不例外。

岁时民俗

岁时民俗，是一种复杂的社会文化现象，是指一年之中随着季节、时序的变化，在人们生活中所形成的不同的民俗事象和传承。古时，利国人就传承着仰视天象以测寒暑和气象的习俗。当地农谚"早看东南，晚看西北"意思是：早上看东南天上有云，可能白天起雨；晚看西北天上有云，可能夜里起雨，等等。这都是利国人独特的纪年、纪月、纪日方法和习惯。

观星习俗

利国民间自古就有观星的习俗。夜间观看星斗在天空的位置以及运行的规律来辨别方向和判断时间。此俗一直延续至今。比如，人们根据北斗星的位置和运行规律可以辨别方向、定季节。人们观看三星，俗称大慌忙、二慌忙和三慌忙星的运行，可以判断夜间的时辰。当大慌忙星出现在正南上空时，正逢天黑的时候，此时，二慌忙星刚好出现在东方，三慌忙星还未出现；当二慌忙星出现在正南上空时，正逢夜半子时，此时三慌忙星刚刚出现在东方；当三慌忙星出现在正南上空时，天已大亮。三颗星好像三兄弟一样，拉开相等的距离，急急忙忙往西奔走，因此人们称为慌忙星。

三星，人们认为是吉星。堂屋里常常贴着"三星在位"或"三星在户"字符，用以祈福。三星在天空以等距离的位置排列并在一条直线上。谚语"三星对门，门口坐人"，是说每年三星在正南天空出现时，正逢立夏，天气温暖舒适，晚上，人们常在院门口闲坐聊天。

彗星，俗称扫帚星、丧门星，人们看到了觉着不吉利，大人禁止小孩用手指，认为一指就沾上了晦气。在民间，人们常把行为不端的人比成扫帚星或丧门星。

流星，俗称贼星。人们看到它认为不吉利，即朝它吐唾沫，吐去晦气。民间传说，山贼和江洋大盗都是贼星转世，贼星就是天上的盗贼，所以人们看到它非骂即吐。

看太阳习俗

古时受科学技术的制约，没有钟表，但利国百姓从长期实践中能以具体事物加以形象具体地说明时间，而又被一方居民所公认。人们常用太阳在不同时间（大约数）所处的位置来纪时。如太阳冒红时，太阳一竿子高，小半晌午；太阳东南时，晌午；太阳偏西，太阳正西，太阳沾山、上黑影时，大家一听即明白，知道是白天哪一段时间。人们也按事物的特殊规律纪时，如鸡叫头遍、二遍、三遍，这个纪时习俗比较广泛，人们一听都懂。

过去有人到外地走亲戚，到了亲戚家，亲戚问他什么时候来的，他说他是喂牛食儿来的。亲戚一听傻眼了，"喂牛时儿"到底是什么时候？经他解释，亲戚总算明白了。原来他那个村子，每天早饭前先喂牛，喂完了牛人再吃早饭，凡喂牛的人家都这样，时间长了，就形成了规律，一说"喂牛食儿"，村里人都知道是什么时候，可外地人不知道。这只是他那个村的习俗。这就是"三里不同俗，十里改规矩"。

生产活动纪时习俗

利国人在每年较大的生产活动中留下深刻印象，连带着某个生产活动发生的其他事情也随之被记住。发生事件的准确时间记不清，当地人就用当时生产、生活中发生的一些平常事来纪时，如某某事情发生在种南瓜时；砍高粱的时候，某某来到了利国，等等。

人们在日常生活中有许多活动，有些活动是亲身经历的，感受具体，记忆清晰。当某些事情在身边发生时，就用当时的生产活动内容记录事情发生的时间和过程。如吸烟袋的工夫，打个盹儿的工夫，吃顿饭的工夫，烧炷香的工夫，干畦活的工夫，撒泡尿的工夫，喝碗茶的工夫，等等。

二十四节气生产习俗

民间谚语对二十四节气作了如下概括："春雨惊春清谷天，夏满芒夏暑相连；秋处露秋寒霜降，冬雪雪冬小大寒。"

利国村属北温带中原地区，一年四季分明，冬天干燥多风，夏天炎热多雨，春天温暖少雨，秋天凉爽少云，很适合各种作物生长，是出产五谷杂粮的好地方，如小麦、大豆、高粱、玉米、谷子、棉花、芝麻、花生、地瓜、绿豆、豌豆、小豆等。

二十四节气的气温变化跟杂粮作物的下种、生长和收割有着密切关系。利国百姓根据这种关系来安排农业生产活动，渐渐形成习俗。当地一些农谚就反映了这种习俗，如：

> 雷打惊蛰前，洼地好种田。
>
> 雨打清明节，干到夏至节。
>
> 三月三点南瓜，收了南瓜用车拉。
>
> 谷雨前后，种瓜种豆。
>
> 麦到芒种收一半，割完麦子刨大蒜。
>
> 枣树开花，麦子还家。
>
> 麦到芒种秋顶秋，霜降之前刨芋头。
>
> 头伏萝卜二伏菜，三伏里头耩荞麦。
>
> 白露早，寒露迟，秋分耩麦正当时。
>
> 立秋三天镰头忙，家家户户砍高粱。
>
> 白露十天辣椒红，拔了萝卜栽上葱。

数九习俗

从冬至数起，是头九的第一天，谓之"交九"。在交九日，民间有煮鸭子、喝鸭汤的习俗。《本草纲目》载："鹜（指喂养的家鸭）味甘，大寒，无毒。可治风虚寒热，水肿。"每年从重阳节到冬至这段时间是鸭子长肉的季节，所以交九时喝鸭汤肉肥味美，还可以补虚除热。

数九，即从"一九"到"九九"，共八十一天，天气寒冷。俗话说"春打六九头"。从冬至到六九头相隔四十五天,期间有三个节气,第一个是小寒,第二个是大寒,第三个即是立春,两个节气相隔十五天,故立春日一定在六九的头一天。

民间有数九歌:

一九二九不出手,三九四九凌上走。

五九和六九,河边看杨柳。

七九六十三,路上行人把衣担。

八九七十二,犁牛套成犋儿。

九九八十一,家里做饭湖里吃。

另有数九的谚语,如:

冷在三九,热在三伏。

三九中心腊,河里冻死连毛鸭。

雨雪年年有,不在三九在四九。

节日民俗

1. 春节

春节在农历正月初一,俗称大年初一。春节又名元日、元辰、端日。民间习惯称"过年",百姓又习惯称"年关",意思是过年就是过关。旧俗过年,年前要还清欠款欠物,不可拖到新年。年前还要置办过年的物品,处处需要花钱,因此贫穷人家把过年比成过关。春节,即是一元复始。一方面有祈求来年丰收的含义,另一方面是除旧布新,庆祝新的一年的到来。

春节是汉族的重大节日,喜庆气氛很浓,一说过年,人人高兴。

从腊月二十四祭灶开始，直到正月十五元宵节，人们一直沉浸在喜庆气氛中。利国村百姓春节活动有下列内容。

（1）扫尘。

腊月下旬，家家进行大扫除，为过年做准备。人人都要在年三十前理发、洗澡。这个习惯世代相传。

（2）辞（祭）灶。

祭灶即是祭祀灶王爷，俗称灶老爷。祭灶时日为"军三民四王子二十五"，百姓为腊月二十四日。锅屋（又叫灶屋、厨房）锅台上方墙壁贴上灶王爷像，像两边贴对联："上天言好事，下界保平安。"传说每年年三十灶王爷都要上天向玉皇禀报人间情况。此对联的用意，即是请灶王爷在玉皇面前多说老百姓的好话，保护一方子民的平安。祭祀时要烧香摆供，给灶老爷磕头。

（3）祭祖。

祭祖即是祭祀祖先，一是上坟，二是在宗族祠堂祭祀。

（4）办年饭果品。

按照过年禁忌风俗，元宵节之前不动磨、不动碾、不动碓窝碓头。因此，要备足上半月的米、面。腊月二十日，家家户户即开始磨面、碾米、烙煎饼。有个童谣描述这番情景："蒸蒸蒸，蒸年糕，年糕黏，好过年，年糕甜，吃不完。"

（5）赶年集。

利国镇十天设四个集，分一、四、六、九日。四乡八村的农民赶年集，主要目的是办年货，吃的、用的、穿的、玩的都买。

年集上，人山人海，热闹非凡，四乡八村的男女老少拥来挤去，选购自己所需的物品。最热闹的要数鞭炮市，卖鞭炮的商贩争先恐后试放鞭炮，比赛看谁的最响，阵阵响亮的鞭炮声此起彼伏，把个年集闹得春意浓浓，喜气洋洋。

（6）送年礼。

年三十之前，女婿、徒弟们带上礼物到岳父或师父家坐坐，谓之送年礼。也有平时得到亲朋重大帮助的，借新年之机，买些礼物送去，以表谢意。

（7）贴春联。

利国人在年三十早晨，家家户户贴春联，俗称贴"对子""门对""对联"。对子纸为大红纸，用毛笔书写，各种题书都有，内容丰富多彩，表现出鲜明的时代特色、地方特色和行业特色。凡贴上春联的大家具，不过正月初五开市日不准动用。

宗族里，五服之内，谁家在当年死了年老者，五服之内的人家都不贴春联，以示哀悼。次年春节改贴蓝纸春联，第三年恢复为红纸春联。

（8）贴门神。

贴门神之俗，利国人一直传讲起源于唐代。传说，唐太宗李世民患恐惧症，夜间常被噩梦惊醒，只有秦琼、尉迟敬德把门才能睡踏实。后来就画了二人的像贴在宫门上，谓之门神。民间依法仿效，以贴门神驱除鬼怪邪气。古时的利国，春节时家家户户贴门神，一直延续到中华人民共和国成立初至"文革"前，"文革"后逐渐渐少，以贴英雄人物或治安条例等宣传资料为主。

（9）除夕守岁。

除夕，即一年最后一天的夜晚——年三十的晚上。晚饭前放鞭炮除旧迎新，庭院大门、二门，祠堂、家庙大门，厨房门及牛屋门皆敞开，各门两旁挂香炉（香炉有铜制和彩陶两种），炉内放青灰，上插三炷香。子时前焚第一次香，表示除去旧年旧岁，子时后焚第二次香，表示迎接新年、新岁、新福的降临。除夕夜晚，红烛高照，合家围坐聊天，通宵不眠，以祈神降福。

（10）吃团圆饭。

年三十晚上，合家围坐桌前饮酒共餐，俗称吃团圆饭。酒菜丰盛，少不了整鸡整鱼。即使贫穷人家买不起鱼，也要想法到河沟里去捉上一条。自家养的鸡再舍不得杀也要杀一只。饭桌上有鸡有鱼，预示年年吉鸡（鸡）庆有余（鱼）。

（11）祭天地。

大年夜子时一到，各家开始放鞭炮祭拜天地。古代人认为，人本是天生地养，新年又长了一岁，岂有不感谢天地的道理？天地棚搭在庭院里，棚两侧竖青竹，挂红绫。上首设有天公、地神之牌位，供桌上摆着三牲之首、馒头、果品、年酒，香炉内焚上香，烛台上点着红蜡烛。家长焚烧金纸之后，合家跪拜。拜毕，持酒洒泼，燃放鞭炮。

（12）熰狼烟。

大年五更，家家户户在大门口堆放松枝柴草，将之点燃，烟焰弥漫，直冲九霄，谓之熰狼烟，亦称熰狼眼。意在熰瞎狼眼，免得把小孩叼走。另有一个俗语，叫作"大年五更熰狼烟，八月十五杀鞑子"。这是元末农民起义领袖朱元璋的军师刘伯温定的计策，以大年五更熰狼烟为号，秘密起事，建立明教；八月十五以送月饼为信，月饼里都装有一片油纸，油纸上印着一个朱砂红字"杀"字，意在此日起明教开始军事行动，赶走元朝统治者，建立大明王朝，明取日月合璧之意。此俗，沿至中华人民共和国成立初。

（13）拦财。

年三十下午，房门、院门前放上木棒，谓之拦财。次早开门后拿开，以免家里钱财夜里偷偷跑掉。

（14）包饺子。

饺子又叫水饺、扁食。元宝形的较多，以示招财进宝；亦有麦穗形的，以示岁岁（谐穗音）平安，麦子丰收。饺子馅用猪肉或羊肉加萝卜、白菜制成，谓荤馅；用萝卜、白菜、豆腐、粉条制成的叫素馅。荤馅、素馅皆加佐料。在众多饺子中包上一枚制钱或一撮麦麸，谁吃到了这个饺子，就预示谁今年有好运气，有福（麸）气。

年三十中午吃荤饺。大年初一全天吃素饺，以示对神、佛的敬意。饭前先上供，供后方可进餐。牛、马、驴、骡一年来帮助主人耕田、运输，狗长年为主人看家，都很辛苦，大年三十、初一两天，主人会给它们几个饺子吃，以示谢意。

（15）拜年。

年初一早饭前，家中晚辈们要给长辈磕头，并祝愿长辈身体健康、长命百岁，俗称拜年。长辈要赏给晚辈们喜钱，亦称压岁钱，钱数多少要根据家庭经济状况和长辈在新年的心情而定。接下来，是平辈们相互拜年，但只作揖不磕头，相互道一声"新年好"。大户人家，男女用人还要给老主人拜年，祝贺主人"福如东海，寿比南山"。老主人也要赏给他们压岁钱。早饭后，邻里之间、亲朋之间相互登门拜年，相互道一声"见面发财"。邻里有不睦者，主动派孩子登门磕上三个头，平时再大的恩怨也就一笔勾销了。初二一

↑ 拜年

大早，女婿要到岳父家拜年，祝老泰山和岳母身体健康，长命百岁。家里有上私塾或学手艺的孩子，还要上师父家给师父、师母拜年。

（16）开市。

正月初五为开市日。商家、店铺放鞭炮拜财神，开门营业；手艺人亦放鞭炮，拜祖师爷，开始营业。其他行业从即日起开始从事各种生产活动。

（17）捏嘴。

初五包饺子，人人都包，不会的也要学着包上几个，谓之"捏嘴"，意在避免招惹口舌是非。

（18）接闺女。

正月初六接闺女，此俗相沿至今。凡有女儿出嫁的人家，此日都准备丰盛的菜肴，欢迎女儿回娘家。担此任务的一般都是娘家哥、弟推着小土车；没有哥、弟的，其他人也可以。有钱人家套上牛车或抬上轿子，一般人家都是骑头驴。临行前要请示公婆有何吩咐，在娘家住几天？但最晚不能超过正月十五，因有禁忌，在娘家过十五，死婆母。

凡有孩子的，姥娘要给外孙做虎头鞋、虎头帽、新棉袍，给外孙女做花棉鞋、花袍子。

（19）请社戏。

趁正月初六日接闺女之际，较大的村庄都要请社戏，俗称年戏。

请社戏除趁新年之际热闹一番之外，其主要目的是用以酬神祈福，祈神保佑五谷丰登。

（20）喝七沫。

正月初七早餐喝七沫，亦称喝鬼脑者。用七种食材，如菠菜、白菜、萝卜、粉条、豆腐条、银耳、虾米，配以胡椒、盐等佐料煮成稀粥。其味道鲜美，胜过街头卖的胡辣汤，以示在新的一年里生活丰富多彩，过得有滋有味。利国村人也有叫喝鬼脑子的，意在"扯绸"或"扯愁"，前者意在能过得美好，后者意在扯去以往的艰难愁苦。

（21）系八福。

正月初八早饭后，左邻右舍的八名未婚姑娘，各带一副扎腿带子，聚集在其中一家里，将手中的带子相互系结。扯开后，成各种连环图样。一面系、扯，一面载歌载舞。此为系八福，意在祈求姑娘们生活幸福。

2. 立春

立春，在每年 2 月 4 日或 5 日（极少在 3 日），当地人俗称"打春"，为二十四节气之首。中国习惯以立春作为春季的开始。"春打六九头"，即立春为六九的第一天，每年如此。立春之后，气温逐渐变暖，农村开始准备生产所需的工具，例如合伙打绳、制牛经、铸制犁铧、修理耩子、耙、拖车等农具。

立春日，用花布缝制春公鸡钉在孩子的袖口上；用红土抹在牛角上，有的在墙壁上

↑ 缝春鸡

画春牛，有的用红纸剪春牛贴在牛屋墙上，等等。

3. 元宵节

元宵节，亦称上元节、灯节，是春节的重要组成部分。时间在每年阴历正月十五，此日称"上元"；此夜称"元宵"，有吃元宵的习俗。元宵，用黏米包成球形，其馅有五仁、枣泥、豆沙、桂花糖之分。其意以祈求全家圆圆满满、甜甜蜜蜜、生活幸福。

元宵亦有观灯的习俗，挂满大街小巷的灯笼上写着谜语，观灯人竞相猜谜语、破字虎，妙趣横生，热闹非凡。家家户户还要蒸面灯，做成各种动物的形状，寄托了人们对来年丰收的希望。

元宵还有放焰火和舞狮子龙灯的习俗。焰火大多是升空礼花、气火、闪明子、泥朵子、地老鼠，还有儿童放的手花等。

狮子龙灯舞皆由村（居）、镇组织，并配有高跷、旱船等杂耍，

↓ 舞龙

边舞边在街道上穿行，鞭炮在前边引路，锣鼓在后面助威。记得抗美援朝时期，为配合宣传，在元宵节，高跷队自编自演了一个节目，运用了卓别林手法（只表演没有台词），一人扮演美国总统杜鲁门，用报纸卷了个特大的鼻子，染成红色，夹在自己鼻子上，特吸引人；一人扮演韩国总统李承晚，戴着礼帽、墨镜，特滑稽。把杜鲁门的霸道蛮横和李承晚的卑躬屈膝演得淋漓尽致，令人捧腹。

4. 二月二

二月二俗称"龙抬头"，亦称"围仓龙"（苍龙指粮仓里的神龙，保护粮仓里的五谷不受损失），为传统的农业节日。此日晨，在空旷场地或打谷场上挖一土坑，坑里放上五谷杂粮，用土埋上。然后以坑为圆心，用草木灰画圈，灰圈越多越大越好，其灰圈相当于圈粮的"折子"，即古代和近代用来圈粮食的农具，用苇子、高粱秸皮编制而成，如遇风吹灰扬，俗称"鼓仓"，大吉，预兆本年大丰收。谷雨后，扒开坑看五谷中何种谷物先发芽，即说明此种谷物丰收。

早饭吃面条，并将元宵蒸的面灯、面龙提前一夜掰碎，浸泡后放在面条锅煮食。

早饭后，家家户户炒糖豆，俗称"炒虫"，以祈求庄稼不生虫。

5. 清明节

清明节为传统节日，源于二十四节气之一的"清明"。时间在每年阴历三月内，公历4月5日前后。民间习俗于这天扫墓，以祭祀祖先，悼念亡人，亦在此日祭扫革命烈士墓。

6. 端午节

端午，阴历五月初五日，民间节日。端午节，亦称"端五节""端阳节"或"蒲节"。其起源说法不一，大都认为是悼念投汨罗江的楚国爱国诗人屈原；有的认为是古代越国人举行的龙图祭俗；也有的认为是夏、商、周时的夏至节演变而来。利国人认为过端午节就

↑ 端午悬艾

是为了纪念屈原。先辈们传讲，包粽子一开始不吃，把粽子投到河里让鱼、蟹去吃，以免鱼、蟹吃屈原的躯体。后来，粽子包得多了，人也吃，以表示对屈原的崇敬。

端午节还有在屋门上方"插艾"的习俗，以避邪驱瘟、熏死害虫。早晨用艾蒲叶、青麦、荠菜煮鸡蛋吃，肚里不生蛔虫；晚上喝雄黄酒驱毒辟邪。炒"烀粮食"储存，以作平时祛寒、消食之用。

利国端午节禁忌媳妇走娘家，端午节之前必须回婆家，因有忌语："吃了娘家端午粽，死她全家都不剩。"还有端午这天绣香荷包的习俗，少妇少女用绫缎花布缝制各种形状的香荷包，内装香料、外垂络缨系于腰间，以作饰物。

7. 雨节

古时，阴历五月十三日为雨节。利国人信奉的雨神为关老爷（关公）。此日，即是祭雨神的日子，人们纷纷带上供品到附

近关帝庙焚香祭拜。关帝庙（关公庙）大殿里塑有关公神像，一边是周仓，另一边是关平。在民间流传着：五月十三，是关老爷磨刀日，磨刀要用水，因此这天就降雨。根据农民近两千年来的气象经验，五月十三常常下雨，因而有农谚"大旱不过五月十三"。用现代科学的观点分析，五月十三，正处于夏至时节，气温逐渐升高，雨季开始。祭雨神之俗，在 20 世纪 60 年代已绝迹，成为历史。

8. 过小年

阴历六月初一日，是一年之半月份的开始，这天"过小年"，又叫"敬天节"。为庆贺三麦丰收，家家户户蒸馒头，有的在馒头里面放些糖，同时买些新鲜果品，摆在供桌上，焚香叩头，祈求老天爷风调雨顺，盼望秋熟丰收。

9. 痘疹娘娘祭日

阴历六月初六为痘疹娘娘祭日。此日，凡有孩子种痘之家，蒸馍馍置供品，去娘娘庙祭祀，以谢痘疹娘娘保佑孩子健康。

以前，小孩种痘（指牛痘苗，预防小孩出天花）时，卧室门挂两条红布，俗称"红子"，以示闲人躲避。祭完痘疹娘娘后，晚上把"红子"扯下来，谓之"交红子"。然后把"红子"烧掉，以示永不出天花，俗称"烧满拢"。随着医学的发展，此俗已绝迹。

10. 七夕

七夕，指阴历七月七日的晚上。是夕，利国妇女结彩缕，穿七孔针或以金银玉石为针，摆瓜果于家中以乞巧。此日也是雨季，牛郎织女见面痛哭，天即降雨。过去大的集镇，戏园子在七夕出演《天河会》，观者多为青年男女。

11. 中秋节

中秋节亦称"团圆节"。除春节外，算是我国民间的第二大传统节日，自古至今相沿。古时过中秋节极为隆重，时间在阴历八月十五，因时值秋季正中，故名。旧时，民间有祭月的习俗。晚间，当明月升起来时，在庭院摆供品、焚香。供品丰富多彩，有西瓜、石榴、鲜枣、栗子、核桃、月饼、葡萄等。焚香毕，烧月光纸，合家拜月。旧时有童谣云："小豆粒，月儿圆，做出豆腐雪白莲。金刀打，银碗端，月亮底下敬老天。一敬老天保丰收，二敬老天保团圆。"

祭月后，合家围坐，品尝月饼和干鲜水果，饮酒娱乐，俗称"圆月"。

12. 重阳节

阴历九月九日重阳节，也叫"重九"。1988年，江苏省人民政府把这一天定为"敬老节"。九九艳阳天，此时秋高气爽，秋收已罢，正是清闲郊游之际。旧时，有放牧、游山之俗，谚语"到了重阳，撒开牛羊"，是说三三两两的乡民结伴牵着牛马，赶着羊群进山放牧，俗称"撒青"。

这天又叫"登高节"，文人墨客、塾师学子成群结队，带上茶水酒食到山上（或田野里）游玩。有些地方，重阳节有酿菊花酒的习俗，谚语"九月九，九重阳，菊花酿酒满缸香"就是描述的这一习俗。

重阳看天气，预测来年小麦收成，有农谚："重阳无雨看十三，十三无雨一冬干。"

重阳禁忌出嫁女不能在娘家过重阳节。有"娘家过重阳，死她婆母娘"之说。

13. 鬼节

农历十月初一、清明节、七月十五中元节皆称"鬼节"，亦谓"祭祖日"。此日，城乡居民家家皆"上坟"。客居异地者或侨居海外者，没条件回故土祭祖，即在生活所在地路旁焚香烧纸，还有人请和尚做道场，为先人"超度"。在路边烧纸，要在地上画个圈，把"火纸"放在圈内烧，以免野鬼抢去"纸钱"，还要写上"寄丰都城转某某某先人收"。上坟虽为迷信旧俗，但也反映人们对先人的怀念、哀思，不忘根基。

14. 冬至节

"冬至"（公历十二月二十二日前后）恰值冬季过去一半，利国地区俗称"立大冬"，数九寒天开始。老百姓用中药煮鸡或鸭，早晨空腹喝汤吃肉及中药，说是能医治胃及腰腿疼等慢性病，其实就是药补。

这天，做儿媳的不能在娘家吃住，说是"过了冬至交了九，要死小两口"。

15. 腊八节

农历腊月（十二月）初八为腊八节，俗称"腊八"。此日，利国民间有喝腊八粥的习俗。腊八粥是用黏米或小米加入绿豆、枣、栗子、莲子等煮成，有甜的，也有咸的。其做法：油炸葱姜后烧开水，加粉碎的大米佐以肥肉丁、瘦肉丝、油炸豆腐丁、豆腐皮、海带丝、花生米等，熬成后再加调味品。腊八节起源于佛教，传说释迦牟尼在此日成佛，因此寺院每逢此日煮粥供佛，以后民间相沿成俗。

村内村外庙宇群

利国村历史悠久，自古就有"铁多、井多、寺庙多、风景多、古迹多"之说，至今老辈人依然记得全村计有寺庙12座，另有庵堂多处。利国庙宇之多、供奉之广、住持之众、香火之旺，是远近村庄所不及的。这些庙宇按其宗系分为寺院、道观、庵堂，由僧、道、姑住持，庙宇规模大小不一，庙产也不尽相同。

九大知名庙宇

1. 关帝庙

坐落在利国村西部，运铁沟之北，地势较高，建于何年无据可考。正殿内塑有关云长，两侧有周仓、关平木质神像。关羽捋须扶膝，居中端坐，周仓、关平持刀怒目站立左右，状似《三国演义》中所述形象，工艺精湛，栩栩如生。人们将《三国演义》对关羽的评价进一步神化，凡对邪恶的怨恨，对美好的追求，多至此庙焚香祈祷。早年进香许愿者络绎不绝。

↑ 关帝庙

且在夏天干旱时，里人集众来此"求雨"，将周仓塑像抬出，敲锣打鼓，绕村周游。故流传着一句歇后语："关老爷磨大刀——大旱不过五月十三。"20世纪50~70年代该庙作为生产队仓库，80年代庙宇失修，已成为居民区。

2. 城隍庙

城隍庙位于关帝庙东 200 多米处，西小桥之北，原有四进院落，24 间僧堂。第二进院落为大雄宝殿，除设有全城阴司的父母官——城隍外，还列有小鬼、小判的木雕或泥塑像，此为观院，末代住持为彭道人。《道光旧志》载："利国驿有城隍庙为古彭城县庙，且废移。" 又云："宋置利国监时所建。"《史记》有"无城不建城隍庙"之说，利国周围皆无，唯利国有之。大雄宝殿坐落在一米高的石阶上，墙体为砖石结构，内有四个圆柱支撑；殿内宽敞，大殿为五间式，前后廊厦纵深幽悠，建筑规模大，气势雄伟。原大雄宝殿前两侧的四幢石碑已不复存在，但在庙台左下侧有碑文记载："金国明昌六年，留城遗失移至县官利国监，故有城隍庙一座。" 民国十八年（1929），此庙除第二进院落未动外，余者改建为利国村学堂；1951 年，塑像破坏殆尽，改为利国中心小学校；1966 年校迁建，遂作居民区。

3. 马神庙

马神庙位于利国东西大街西首路北（现十八村民小组）、后大汪以南，占地约 7500 平方米，建于明永乐年间，毁于 1936 年。

永乐十三年（1415）官府在此设驿站，配有上马 11 匹、中马 7 匹、下马 8 匹、骡子 52 头，后增添 125 匹。驿站马匹作为传递公文的交通工具，由于饲养方法不妥，马匹经常生病，每年都有死亡。后驿站官吏投资，在驿站马厩东南处新建了一座规模不大的庙宇，庙里建有亭子，内塑马神，名曰马神庙，是镇邪祛瘟、祈求牲畜健壮的神灵。之后，里人牲畜有病，也到此庙祈祷。随着驿站裁撤和马神失灵，中华人民共和国成立前，庙毁，后此地演变成公所，现为居民区。

4. 火神庙

利国村火神庙又名"熬严祠"，位于利国村中心最高处，占地4000多平方米，其中建筑面积为 200 平方米，建于明朝中期。山门临东西大街，据说庙址原是利国刘姓住宅处，后边有严家祖林（里人称严林）。严家依仗严嵩权势，欲在刘家宅前设盐店，刘姓不从，阻止未果。刘姓便迁居东寨门旁，在原宅基地上修一祠堂，名叫熬严祠，相当于在严家祖陵前建祠，严家不允，后官司打到北京。严家虽有权倾朝野的严嵩撑腰，但刘姓也有族人在京城为官，后刘家官司打赢，祠堂方得落成。

火神庙山门外早年左右立有旗杆一对，为杉木，长约六七米，顶端有一方形木斗，下有座杆立其上。几经风雨剥蚀，其中一个已损坏，另一个立于一侧，中华人民共和国成立后尚存，里人有一句歇后语："火神庙旗杆——独立独站。"

火神庙有正殿、前殿、东西配房、后院。正殿建筑雄伟，雕梁画栋，廊檐伸探，殿内供奉火神。火神原名罗宣，商周时封神，里人叫火神老爷。火神端坐神台，三头六臂，形象恶煞，然专惩恶扬善，对邪佞人以火惩戒，深得里人敬重，香火不断。神像后供奉刘姓先祖灵位。正殿前左侧有明槐一株，上挂一口大钟，后院有草房五间。最后一名住持道人姓张，道号祥莲，至今其后人尚在。

5. 天齐庙

天齐庙是利国村主庙之一，末代住持和尚是高逸泉，有庙田数十亩。两进院落，大殿建造雄伟，飞檐翘脊，朱红抱柱，四周回廊，内供奉武成王黄飞虎（里人称天耄爷）。踏进大殿门内有一块大理石板，约 2 米见方，表面光洁，唯西北隅有一凹陷，深约 10 厘米，形似巨大脚印。传说是武成王黄飞虎赴天宫回来入座时踏的一个脚痕。大殿后有一殿，供奉天奶奶，左右有东西配房供僧侣居住。殿前排列着铜钟、皮鼓、石翁仲，直到山门外影壁墙，南北长约百米。每年农历三月二十八日为庙会日，香火终年不断。村内亡人，不论贫富，均在殡葬前的一天中午，全家近族至庙前敬拜庙神，祈祷亡人一路走好，俗称"攉汤"。此俗至 1957 年犹存。后因利国铁矿开采，天齐庙被毁而习俗消失。

6. 三官庙

位于利国村南、白家桥北首，东邻驿道街，西靠盐店街，南隔石龙河，与东大寺、奉圣寺遥遥相望。

三官庙坐北朝南，有大殿一座，山门外有一对石狮把门，后院有一口井。大殿地基较高，殿内供奉三官，一曰天、地、神；一曰尧、舜、禹；还有说是普贤老人、慈航道人、文殊广法天君的。里人大都认为是尧、舜、禹三官。尧舜时期发大水，大禹治水十三年，三过家门而不入，终把大水治平。后院那口井是众百姓至今仍念大禹之功绩。三官庙前有黑虎、玄坛、风神、雨神、哪吒、雷公等诸神站立。殿前有石碑四通，碑石上记述三官庙的兴建、历代修缮的善士捐款等。三官庙最后一次重修是 1941 年，并有碑记，由道人住持，中华人民共和国成立前香火不断，是利国村民"玩会"的物品存放处。利国沦陷后，住持走散，庙毁。中华人民共和国成立后，清理庙产，四通石碑已在"文革"前做铺路石用，现架在驿道街南的涵洞上。三官庙 1954 年后被生产队作为公房，办过扫盲学习班，之后演变为村民生活区，现三官庙无迹可寻，庙西北的庵堂也不复存在。

7. 二郎庙

位于利国村南的二郎山上。二郎山海拔不到 50 米，在铜山县地图上查找不到。为什么叫二郎山？据老年人讲与民间传说的"二郎担山撵太阳"有关。在清光绪晚期，里人为褒扬杨二郎为民除害的功绩，各界解囊捐资，在二郎山顶建庙宇一座，坐北朝南，殿前有大门，门两侧有威风八面的四大金刚把门，正殿中塑有杨二郎坐像，凡敬仰忠义侠胆之士，每年都到此庙进香。殿内东西山墙和后墙都有壁画，后墙画有"禹王锁蛟"，禹王身着蓝衣，头戴草帽，手执权柄，凝神站立，发水祸害的蛟龙被链条紧锁，无法挣脱；西山墙画有"孙悟空大闹天宫"，孙悟空虽被天兵网住，但他在网内仍挥舞金箍棒，金光闪闪，跃跃欲出；东山墙画有"十八王斗宝"，十八王坐后台上，只见伍子胥单臂高举千斤鼎雄居台前，各国王震惊喝彩，整个画面着色艳丽，栩栩如生。

中华人民共和国成立前，二郎庙西边有一条南北通道，庙后有榕花树一棵。20 世纪六七十年代，由于采石烧灰等，二郎庙西之"人造山"堆积高耸，二郎山显得更加低矮，庙殿无人问津，早已被人们遗忘。

8. 东大寺

东大寺在白家桥东南不远处，京杭古道东侧，其建筑格局和西大寺相似。当年的东大寺建筑宏伟，汉柏、唐松成荫，钟鼓、牌坊罗列，香火旺盛，至中华人民共和国成立前尚存有正殿、西配殿、古树、碑及一些旧迹。

东大寺分前后两院，前院有正殿、前殿、左右配殿，后院建有

↑ 火神庙

↑ 东大寺

↑ 天齐庙

↑ 奉圣寺

一些禅房。正殿古朴雄伟,宝顶压脊,四面飞檐吻兽;殿内有如来三尊佛像,东西山神台上诸神安坐;两山墙为木质浮雕,刻画着阴司鬼判、民间教化之类,如世间恶事,阴鬼受刑等,雕刻细致,着色艳丽,人物逼真。大殿后墙留有后窗,可览后院。正殿前有汉柏二株,相对而立,高约12米,树围4米,树干挺拔,树枝稀少,盘曲伸张,叶稀疏,苍劲古朴,其姿态如龙腾飞,似凤展翅,村人叫龙凤柏,十余里外可以看到,1952年被砍伐;殿前有石碑四通相对排列,其中有一通立于神龟之上,龟硕大,人称龟驮碑。前殿已无存,只有山门前两座旗杆石夹尚在。东侧配殿已坍塌;西配殿三间完好,砖墙瓦顶脊上有一小楼阁,殿中木质雕刻观音菩萨端坐莲花台上,观音慈眉善目,怀中抱一孩童。远近村民都来上香叩头、虔诚祷告,祈求观音菩萨施子,香火不断。后院房舍只剩下瓦砾片堆。

东大寺兴盛时财产殷富,庙田仅山门外土地南就达石猴林,农具车辆俱全。沧桑世变,后来败落,僧徒先后离庙,1938年毁坏更严重。中华人民共和国成立前,白日有附近村人来闲聚,或来避风躲雨,夜晚就成为乞丐的栖息之处了。

寺院后有庵堂一座,庵中尼姑终日焚香念佛、祈祷。中华人民共和国成立后曾作为公用,后来建房拆庙,寺院、庵堂无存。

9. 奉圣寺

位于运铁河之阴,隔京福公路与东大寺遥相对应,故又称西大寺。

利国奉圣寺在历史上规模宏大,据老年人讲,奉圣寺的前门在南奉山(南小山)的北坡下,山门建造宏伟,门前两侧有石狮一对,长方巨石铺阶,因年代久远,石狮已湮没。近年来采矿,在附近挖现一块长方形大理石，当为门下石坎。该寺曾多次重修，较大规模的就有两次：一为唐朝，一为金朝。唐朝把佛教立为国教，朝廷专设有管理庙务的机构——大常理寺。较大的寺院由朝廷负责维修，唐初的那次修建是派尉迟恭前来监修，可见这次工程是浩大的。另一次据山门外碑石记载：1158 年，即金朝海陵王正隆四年，住持净悟法师募重金重修，碑上且镌有该寺的演变、善士的姓名及募资金额等。此碑于 1953 年作铺桥石，后来此碑散落于西小桥下不远处。

八百年前重修的奉圣寺，有前殿、正殿、左右厢房、钟鼓二楼和后花园，门前有广场和大片庙田。正殿为木架结构，雕龙画凤，朱柱环抱，精致雄伟，上方有一块横匾上书"龙华法戒"。殿内塑有释迦牟尼坐像及"三位一体"三尊大佛，即释迦牟尼的应身、法身、化身。正像前左为韦佗、右为托塔李天王护法二神站立，上方为大鹏金翅护法神鸟。神台上分列十八罗汉，三尊佛像后为文殊、观世音、普贤三大士等，他们的坐骑是狮、象、猴三个神兽。佛像各具姿态，栩栩如生，有的慈眉善目，普度众生，有的面目狰狞，咄咄逼人。殿前两侧各有花池一个，池中花枝繁茂，枯藤盘曲，直延脊顶。院左有一株古柏，右有一株古槐。靠大殿东山有北屋四间，为僧徒佛事及生活之用。东西配殿各五间，东配殿早已坍塌。前殿两山为钟、鼓二楼，各有两尊神像，中为山门。山门外有广场，距山门 20 米偏东处有一棵唐代古槐，古槐枯朽中生出一株白果树，即树上树。广场西侧为庙林，僧人圆寂后，归葬于此，庙林中有石雕莲花台一座。庙后偏西有一庵堂，是尼姑供奉佛神之地，庙堂前不远处是尼姑的安葬地，附近村民还能看到未坍平的葬墓。

奉圣寺和徐州云龙山的兴化寺、安徽皇藏峪的碧云寺，同为苏皖一带较大的寺院，为西华堂正宗，在唐代已放戒，远近寺院的僧徒都来受戒，历代出了不少名僧。1920 年法启住持奉圣寺，他精经典、善墨池、通音律，后云游南方，在江南圆寂。法启离庙后由他的二师弟法新和四师弟法修共同住持（法启张姓，法修李姓）。1934 年他二人圆寂后，董和尚（法新的三师弟）从南方回来，由董和尚住持。董于 1948 年圆寂，由法田住持，法田圆寂后由龙文住持。龙文，柳泉高皇人，姓肖位四，在其俗门董姓师兄广元协助下，管理寺院。龙文好云游、喜藏书、工丹青，山水尤佳，至今有人存其遗作。1957 年秋圆寂，葬于柳泉高皇庙南山东坡。

1951 年至 1957 年，奉圣寺院连同广场、庙田逐步被改建成利国中心小学。1994 年 9 月，小学又迁新址，奉圣寺荡然无存。人们只能从《利国八景》一诗中，抒发怀古之情。

奉圣寺当年住持智远和尚的道友约智远云游离庙时，在庙前银杏树旁的石碣上镌文。日久年远，银杏裹石碣而长。后树遭雷击，石碣现，碑文留存至今。碑文曰：“古寺传何代，荒村不记年；铜崖浮水面，银杏插门前；苍天飞朝雨，寒花散春烟；归来携智远，同上钓鱼船。”

另传碑文曰：“古寺传何代，荒村不记年；铜溢浮水面，银杏插门前；松荫逢朝雨，寒花散暮烟；登临携慧远，同上钓鱼船。”

此外还有泰山庙、华佗庙、奶奶庙、无名小庙，等等。

利国村泰山庙遗存

2012 年 5 月，在利国村蔡山庄发现清代嘉庆年间的道教壁画，总面积 60 多平方米。此壁画出现在蔡山庄一厉姓家庭后一座泰山奶奶庙里。中华人民共和国成立后此庙曾被改为一所小学。学校墙壁原被涂上一层厚厚的白石灰，经长期风吹雨淋，又被一场大雨冲刷，才让壁画显露出来。壁画分布在庙内东西墙面上，画有华盖罗伞、车马銮驾；人物群仙、将宿卫士，应是泰山神巡山回銮图，是徐州迄今发现的最大道教画面。其中一幅"道教做法图"和西面墙上的一幅"出巡图"，人物面部表情丰富生动，衣服褶皱、骏马鬃须等细节表现得极为精致。画面中能够看出三种矿物颜料的颜色，绘画者精细的画工让人赞叹不已。

此庙最后一位住持僧厉至崸已年逾九旬，依然健在。据其讲述，此庙为泰山奶奶庙，原有山门、前后大殿、灵官殿、东西厢房等建筑。现存的建筑为三间前大殿，虽然多年失修，破烂不堪，但仍能看出基石为三层条石，青砖到顶，小瓦屋面，走廊立柱；总长 12 米、宽 8 米。正门里地面上铺着一块长 134 厘米、宽 94 厘米的石板，称跪拜石。跪拜石上放着蒲团，其后就是泰山奶奶塑像，两边还有送子娘娘、眼光奶奶。后大殿两侧各有四间厢房。每年旧历三月二十八日逢庙会，四方百姓都来上香、

↑ 道教壁画出巡图

↑ 庙内房梁

↑ 庙内嵌于墙上的碑记

许愿。

泰山奶奶庙原是利国村最大的庙宇，原面积约有 6 亩，周围有庙田 700 余亩，庙前有口珍珠井，水质非常好。此庙周围还有三官庙、天齐庙、马神庙等十多座庙宇。因利国坐落微山湖东岸，也是留城东大门。明代时留城沉落微山湖底，留城中的诸多庙宇迁移到东岸利国之地。

这与道光年间《徐州府志》记载是一致的："显济庙又名泰山庙，一在季家山一在蔡家山。"蔡家山即是蔡山村。《利国史志》也有记载，张良封爵留侯葬于留城，并建有城隍庙，庙碑载："金国明昌六年（1195），留城遗失，移至县官利国监，古有城隍庙一座。"

在泰山奶奶庙东墙壁上镶嵌一块石刻功德碑，碑文清晰可见。

碑记

大清江南徐州府，铜山县城东北二乡地方，现在瓦庄居住，信士弟子董守乾、妻刘氏，同助善念，施旗杆一对，施地十亩，供奉于蔡家山泰山庙永远矣。

引化道：沈复钦。嘉庆岁次乙未年仲春谷旦立。

化旗信士：邹徐氏、厉宋氏、徐刘氏、王祁氏

石匠：李风春

木匠：焦魁

住持道：丁本钟、辛本平

泰山庙始建碑文

中国民间
文化遗产
抢救工程
THE PROJECT TO CHINESE
FOLK CULTURAL HERITAGES

SOS

　　利国群众文化丰富多彩，起源于清初的利国叮叮腔已被列入徐州市非遗项目，并改称为"徐剧"。2017年4月，利国叮叮腔参加央视戏曲频道"一鸣惊人"栏目的"梦想微剧场"演出，参演节目《站花墙》和《十八相送》博得评委和观众一致好评，以非专业团体夺得了"铜奖"。评委们一致夸赞叮叮腔悠扬婉转，很有独特风格和传承发扬的价值！

　　此外，利国梆子戏、京剧、柳琴戏、高跷、花船、花车、玩大头、跑驴秧歌等传统节目都独具特色，深受民众喜爱。

叮叮腔小演员

参加全国小戏演出

叮叮腔丑角

第四章

文化集萃

孙倩与徐州机电学校学生同台演出

孩子们叮叮腔演出剧照

孙倩传承叮叮腔

丰富多彩的群众文化

非遗项目——叮叮腔

1. 历史沿革及分布情况

在清代，由于黄河及大运河从徐州改道，徐州北的利国驿成为大运河流入微山湖的停靠码头，所以微山湖一段的厉湾、寄堡一带，经常停泊着南方运粮的船只及保卫运粮船安全的炮划子船。船上的南方人、北方人会演唱很多小调，天长日久，岸上的百姓学会了那些腔调，越是到太平丰收的年景，唱的人也就越多，有时很多会唱的便自发地在一块儿唱和。开始是一个人哼着玩，后发展到两人对

↓ 宣传队合影

唱。那时，人们称之为"太平歌"。百姓逢年过节赶庙会，总会唱着太平歌，因主要伴奏乐器为月琴，琴声"叮叮咚咚"清脆悦耳，故称"叮叮腔"。刚开始都是对子戏，没有职业艺人，更无师徒关系，艺人们虽然不是把演戏作为谋生手段，每到逢年过节时却常被附近村庄请去演唱，这样叮叮腔就逐渐流传开了。

由于南北大运河往来船只甚多，各种文化交汇，艺人们常到码头上演出，叮叮腔吸收了京剧、花鼓戏及扬州、苏州等地的音乐和曲调上的优点，使得该剧种在声腔曲调的风格上不但有北方戏曲刚健挺拔的特色，而且也具备了南方戏曲清婉抒情的格调。

第一次国内革命战争期间，叮叮腔正戏之前都用"十二月"的曲调来演唱："正月里来好风光，家家户户喜洋洋，南方出了革命

↓ 利国村新老叮叮腔演员合影

党，过江消灭孙传芳。"由于这个地区靠近微山湖，在抗日战争时期是游击队与日寇进行拉锯战的地方，所以在当地百姓口中不断地哼着"十二月""小郎调""五更调"等曲调，"游击队真不穰，日本一见逃得慌。咱们紧紧追上去，消灭日本野心狼。缴来洋枪和洋炮，保卫咱们好家乡！"

中华人民共和国成立初期，叮叮腔在江苏省多次汇报演出，受到省戏剧界、音乐界专家、学者及广大观众的一致赞扬。1959年，徐州师范学院一行七位师生来利国采风，古老剧种叮叮腔经过整理加工复创排，参加全国音乐舞蹈会演，享誉全国。

后来，在徐州市委、市政府的高度重视下，徐州戏校招收五十多名叮叮腔学员，聘请利国镇叮叮腔艺人授课。叮叮腔曾改名为"徐剧"，学习班命名为"徐剧班"。

2. 基本内容及艺术特征

叮叮腔的唱腔，在早期以"八句腔"为主，从"八句腔"中抽出乐句再组合，又产生了平韵、阳韵等，后来吸收了京剧的一些曲调，丰富了"对口煞板"。之后，吸收了若干民间小调，如"小郎调""十二月""五更调""十杯酒"等。这些小调有的欢快轻松，有的高亢嘹亮，跟方言结合得也很紧密，叙事性特别强。现在的叮叮腔共有"八句腔""平韵""阳韵""花韵""发腔""对口""对口煞板""平韵垛板""五字韵垛板""扫腔""腰锣钗"等18个主要声腔。其中"平调""腰锣钗"等有男女唱腔之异。因为叮叮腔无女演员，演花旦的男演员是用假嗓子来唱的，比如一曲调开始用男音，不一会儿就能转到高八度或十五度的女音，艺人们称此为"老转少"。其一般规律是在一个字的尾音上唱到该调十一度音时转，到要换气时，也就是唱到休止符的后半拍时，再用本嗓子唱。女的学唱就不再需要"老转少"了。

叮叮腔唱词的词格是多种多样的，有十字句、五字句，但基本上是七字句。传统剧目主要有《降香》《送茶》《站花墙》《下山》《劝嫁》等；近现代剧目主要有《土地还家》《一家光荣送参军》《新结婚》《挑福》等。

"九腔十八调，七十二哼哼"是铜山叮叮腔的艺术特色，曲调变化较多，但关键是"哼哼"，即在实字唱前或唱完后，加入"哼""嗨"或"哎哎哎哼嗨"等虚字来美化腔调。铜山叮叮腔的唱词较注意押韵，韵脚的选择是为了美化声腔，词格的选择是为了强化节奏。韵

↓ 中国文联叮叮腔考察团在利国

脚变化愈多时，节奏愈显得紧张，表达的感情也就愈强烈。

3. 传承谱系及代表性人物

利国叮叮腔的传承方式分为师承和家族传承，人员有吴成英、杨道田、厉为一、厉洪富等。利国叮叮腔当今代表性人物是利国镇的杨德胜、孙倩，他们分别被徐州市文化广电新闻出版局命名为徐州市非物质文化遗产项目代表性传承人。

4. 主要价值

利国叮叮腔素以"九腔十八调，七十二哼哼"著称，其声腔优雅动听，别具特色，结合了其他剧种的许多优点，创造出自己的特色，与徐州的说唱艺术结合紧密；在交流演出过程中，又受梆子、花鼓戏等戏曲影响，增加了唢呐、笙等民族乐器伴奏，丰富了音乐的表现力，发展了以叙事为主体的戏曲本色，使铜山叮叮腔整体效果更加优美。

5. 保护情况

目前，由于叮叮腔老艺人逐渐退出舞台，会唱叮叮腔的艺人年龄最小的也已60多岁，叮叮腔面临生存困境。为了保护叮叮腔，当地有关部门和热心人士作出了许多努力，如建立专业机构和工作队伍；落实保护工程专项基金；开展普查，整理传统剧目，制订修复计划；对年事已高的老艺人给予工作和生活上的帮助和扶持；鼓励老艺人收徒授艺，培养叮叮腔传承人等举措，使叮叮腔得以起死回生。

利国村通过几年来积极挖掘、复创排演叮叮腔，为有序传承打下了坚实基础。自2008年3月以来，中共铜山县委宣传部同意设立"叮叮腔研究会"，前后召开了几次专题研讨会，邀请徐州著名戏剧家、一级编剧、作曲和著名表演艺术家，并邀请中国文联考察团专程来利国考察叮叮腔，为叮叮腔作了艺术鉴定，可以申报省级、国家级非遗立项，为叮叮腔的发展指明了道路。

2016 年，叮叮腔新戏《古驿情缘》参加了全国小戏小品大赛，荣获优秀组织、编剧、剧目、音乐、导演、演员六项大奖。

2017 年 4 月 9 日，在铜山区文化馆路馆长的带领下的一行十人来到央视戏曲频道的"一鸣惊人"栏目，参加了"梦想微剧场"第二季演出，参演节目《站花墙》和《十八相送》博得所有评委和观众的一致好评，在全国三十多家专业团体中脱颖而出，是非专业团体中唯一一家获得"铜奖"的。评委在打分的过程中频频称赞，并给予"天下第一团"的美誉！

↓《站花墙》剧照

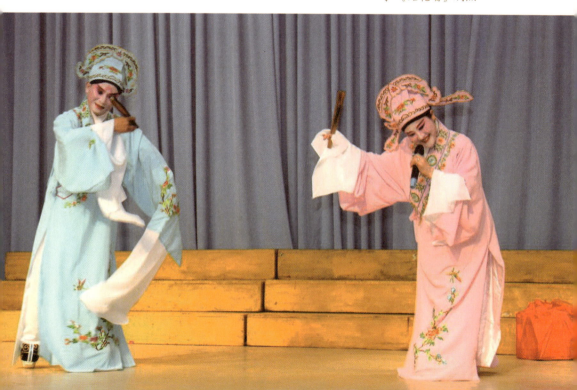

闻名两省的京剧班

利国京剧又叫"二黄"，有两百余年的历史。京剧是 1790 年（清乾隆五十五年）原在南方的四个徽调班社（三庆、四喜、春台、和春）陆续进入北京，同来自湖北的汉调艺人合作，相互影响，接受了昆曲、秦腔的部分节目、曲调和表演方法，并吸收了一些民间曲调，融合演变而成。伴奏以京胡为主，罗鼓叫点配以其他琴弦、打击乐器。角色根据男女老少、俊丑邪正，分成生、旦、净、丑（末已归老生）四个行当，各又有细密的分工。长期以来以演绎历史故事为主，也有一些民间故事。

利国京剧具有较广泛的群众基础。利国人不仅会唱戏，而且能登台演出，各种行当较全，演出节目也较多。常扮演的行当有老生、净、老旦、青衣、小旦、诙丑等。老生的代表人物有张道义、董昌祥、冯广云、厉德利、张洪才、厉德银；净（花脸）、黑净（黑头）的代表人物有李登榜、齐明华；铜锤花脸的代表人物有徐朝海；老旦的代表人物有徐朝营、厉广法；小旦（闺门旦）的代表人物有厉书绅、厉化彩；丑的代表人物有徐朝金、徐继凤、张汝成。常演的剧目有《钓金龟》《捉放曹》《牟麂关》《打龙袍》《坐官》《珠帘寨》《三娘教子》《探阴山》《法门寺》《大保国》等。

晚清时期，厉国芳是一个京剧爱好者，他文化素养甚深，诗歌辞赋甚精，尤善音律，曾去南京赴考，考中后获廪生之职，但他因酷爱京剧而不赴任，在南京研习京剧艺术，造诣甚高。回利国后，他亲自在家设班，敬心授教，学戏者纷纷来至他的家中。早期比较有名的学员有董士伦、孙茂祥、徐凤德、徐广益、厉诗坤，还有张彦凤、徐朝营、周岳等，黄庆福、李登榜、董昌祥、冯广云也先后受其影响。

抗战前，京剧名演员利国人张洪才，技艺很高，在徐州金城戏园相当出名。当时还有同班金筱恒也很有名。他们戏路甚宽，在日军占领徐州后，为避战乱来到利国。利国人素有京剧演唱传统，他们来后进行教演很快形成一个学戏、演戏的群体，先在张彦风家教演，后又以火神庙三间西厢为集聚点，进行排练，由徐广益司鼓，厉诗坤、曹文选、蒋庆义操琴，厉诗坤也善鼓锣，对过去戏目如《捉放曹》《打龙袍》《四郎探母》《法门寺》进行系统教演，又掌握了一些折子戏和台本戏，如《三娘教子》《探阴山》《二进宫》等。

中华人民共和国成立初，又请林师傅来利国教戏。林师傅，安徽萧县黄口人，班底出身，精通京剧演唱、京胡鼓乐，利国村爱好京剧者都来受教演习，学戏者曾达数十人。以三官庙后大汪北厉趾麟家的三间南屋为教演场，受教者技艺获得较大的提高。

利国村不少人对京剧都有一定的欣赏能力，都能掌握一些唱段，如诸葛亮"借东风"，陶谦"让徐州""武家坡""追韩信""女起解""甘露寺""汾河湾"等。利国人和京剧班社有较密切的联系，姜春戏班与利国人尤为密切，姜春戏班经常在贾汪一带演出。姜春又叫姜培然，为戏班掌班，他的戏班中有不少名角，如冯金亭、姜庆海等。冯金亭嗓音高亢饱满，很有气魄；姜庆海，利国人叫三玉，姜春之子，他嗓音浑厚、醇润，表演洒脱自然。每年三月二十八，天齐庙会都要请姜春戏班来演戏，利国人也常在戏班里"打炮"，在剧目中扮演一些角色，博得观众的喝彩。

利国人不仅在利国演练，也到外地演出，如江庄、独山、柳泉、高皇、韩庄等地。每到一处，都受到当地群众的欢迎。人们对利国人的演唱有一个评价，称"韩庄的台子、利国驿的戏"。由此看出利国群众的京剧素养和演技是有一定水平的。

传统文艺节目多

利国村传统文艺节目有利国梆子戏、柳琴戏、高跷、花船、花车、玩大头、跑驴等，群众喜闻乐见，一直世代有序相传。尤其在"文革"之前，每年春节的大年初三就开始活动，初六这一天，必须在利国三官庙开锣出演（演出结束后，所有道具都存放在庙中），还要从盐街出发。演出队每路过各商店门前时，各店多燃放土礼花、鞭炮欢迎，有的还拉出一张桌子或者长凳摆在街心，放上一壶茶、两盒烟，让演员停留在店门前演几个节目再放行。跑街最后，群众汇集村北大场观看演出。全部节目演完需几个小时。

↑ "文革"时村头演出

1. 利国梆子戏

利国地处大运河中段，漕运文化影响巨大。据《徐州府志》《徐州戏剧》等文献记载，早在明洪武元年，有一批移民落户利国，把山陕梆子带入利国，后山陕梆子、河南梆子长期受利国地区民间音乐、小调、说唱艺术和方言习俗影响，逐步衍化成梆子声调体系中独具特色的重要分支——徐州梆子。利国梆子因受叮叮腔和厉派柳琴戏影响较大，与徐州梆子在唱法上有所差别。自豫剧《朝阳沟》上演后，广大群众学唱热情异常高涨。利国虽无专业梆子剧团，但所有的剧团在演出时大都会有一二段梆子节目，使利国梆子戏在群众中广泛流行，有一定的普及度。

2. 利国柳琴戏

利国柳琴戏俗称拉魂腔。因柳琴戏大师厉仁清出生在利国，演出在利国，流传广泛，大人小孩耳熟能详，所以利国才能称得起戏剧之乡。厉派柳琴戏自古属地方韵调，源于叮叮腔的"九腔十八调，七十二哼哼"。虽然发源在叮叮腔之后，但由于柳琴戏好学好唱，深受群众欢迎，发展极快，几十年内在徐州地区普及。

中华人民共和国成立后，在党的"双百"方针指引下，成立了专业剧团，柳琴戏发展完善，特别是六省区华东调演时，厉仁清一鸣惊人，全国轰动，柳琴戏自此名扬四海。电影《大燕和小燕》把柳琴戏送到全国，更加扩大了柳琴戏的影响。

3. 高跷

利国的高跷，在形式上与其他地区相似，其特色是戏中有戏，演员踩着高跷扮生、旦、净、末、丑，融进群众喜闻乐见的拉魂腔、

↑ 利国高跷

京剧等唱腔进行表演，表演动作有劈叉、翻身、折腰、前伏、单杠、双提等。传统节目有《断桥》《祭坟》《梁山伯与祝英台》《湘子扑蝶》《渔翁钓鱼》《白蛇传》《黑风帕》等。

4. 花船

主要由二人配合演出，一人驾花船（道具），一人做艄公。有彩色凉棚，一位妙龄女郎，手驾花船，一个艄公撑篙，在锣鼓声中起舞，犹如水中行舟，一撑一行，迎风破浪，给人以美感。在抗战前有厉兴林扮演女郎颇有名，后来又有高彦英、高汉俊扮演；中华人民共和国成立后，孙大敏玩花船也较有名气。后期老艄公由徐朝玉扮演。主要节目有《二姐采莲》《大妞拉网》等描写渔民水上生活的节目。

↑ 花船表演

5. 花车

以一辆特制独轮车做道具，三名演员配合演出，一人扮演村妇，端立车中，在独轮车上面别着两条着裤的假肢，脚穿绣花鞋，呈坐车状；前有小丑用绳子拉车，后有小丑推车，前后两个小丑故作恶剧，博得群众大笑。常演的节目有《媳妇回门》《丑汉相媳妇》等，深受广大群众欢迎。

↑ 田头演出

6. 跑驴

又名走驴，二人配合演出，用竹子做架与油纸扎糊成毛驴做道具，中间留有一孔可容纳一人。表演前，将道具夹在扮演农家媳妇的演员身上，状似骑驴，一人赶驴，哑剧逗趣，嬉戏打诨，是一种戏剧和舞蹈相结合的表演形式。传统节目有《王二小赶脚》《李三接亲》等。

此外还有耍大头、骑竹马等节目，也很有趣味。利国的这支文艺演出队，系群众自发组合起来的，有公认的领班和副领班。活动经费由五庙公费支出。除在利国地区表演外，也应邀到邻近山东张山子、涧头集、韩庄等地演出，颇有影响。

另外，元宵节或太平丰收年景，还要举办花灯会，热闹异常。白家桥的电火花也颇具特色。

民间游戏世代传

利国村在 20 世纪 70 年代之前，在民间青少年中流行着许多形式不同的游戏项目，随着物质文化生活不断丰富，现仍有部分项目世代有序相传。

1. 捉迷藏

又名藏老猫，一般由三人以上参加，人越多越热闹。有一人守老猫家底，一人当狸猫，其他人扮老猫。游戏开始，守老猫家底的人对狸猫要用手或用衣襟将脸蒙住，其他老猫要去躲藏，然后说："老猫老猫藏好了吗？撒个狸猫去逮去。"藏匿者一定要到守老猫家底人身上摸一下方算收家。未被逮着，自己就算赢了，下次再藏；如被逮着，就算输了，被逮人当狸猫，依次进行。

2. 打尕子

这是20世纪50年代青少年好玩的一种游戏。在村头或场边选一块较大的场地，一般有二人以上参加，一个短棍、一个尕子，各人自备。首先画上方城，边长约一米的样子，然后参加的人依次将尕子摆在城的围线上，以棍敲击尕子（尕子长约10厘米，直径约3~4厘米，两端削尖），一击即飞，看谁敲击得远，谁为头将，依次分二将、三将等。打尕时，让尕子稍离尕棍，瞬间猛击尕子，使其远飞，画一个记号。第二人再如此，最后看谁的尕子离方城近，谁就为输，输者喝卯。赢者将尕子打到远处，输者往方城里投，直至扔至城中，再给第二者喝卯喝完为止，再接二轮。也有其他打法。

3. 打瓦

又叫打大岩，六个小孩在一起玩较好。玩时大家各寻可立起的石片共同把瓦摆好，当中为大岩，石块较大些，两侧为左右耳瓦，前为鼻瓦，后为尾瓦。前后瓦侧立。然后分先后，先画一条横线，掷瓦者距横线约六七米，依次向横线近处掷瓦，看谁的瓦距横线最近谁就为头将。依次分二将、三将等。若掷过线或瓦压线则算末将，若两人均过线或压线，以最后者为末将。打瓦时距大岩六七米，谁打倒了瓦即把掷出的瓦压上，把瓦全打倒了，只剩一人为输。若人多了可在左右侧摆瓦，打倒大岩的为阎王，这个阎王可坐可立于一边，等受者来见，于是他们根据瓦倒的方位，分别扭输者左右耳朵、鼻子、后压尾来见王者，一面牵引朝见，一面喊叫："阎王阎王在家吗？"阎王回答："没在家。"他们再扭引一圈同样叫喊，直至阎王认为罚得差不多了，方回答"在家啦"，是为结束。再来下次。

4. 拾石子

这是女孩子玩的，两个女孩随地相对而坐，各备石子五个，如鸡蛋黄大小，分先后拾起。玩法有各种花样，石子或在地上，或掷到空中，只要石子不掉下来，接续玩；如一石子落地即叫瞎，另一人再拾，拾石子由简到繁，最后谁玩到最难点即胜。

5. 下四周或下六周

20世纪60年代以前，青少年上坡放羊、下湖割草、上山拾柴，累了，二人就在一块儿玩玩，就地取材，不花分文，既达到动脑，又达到休息的目的，如下四周（又叫下四）、下六周（又叫下六）。这两种玩法差不多，先在地上或平石板上画上四周或六周棋盘，二人各执不同颜色的石块或草棒等，先用"猜一猜"决定胜负，谁胜谁先下。如下了四，就捐对方一块子；如下六就捐对方二块子，下满子后再走步，直至吃光或对方认输，这盘才告结束，如此反复进行。

此外，还有"祭八副""打花棍""踩北瓜""踢毽子""翻花线""弹琉弹""打元宝""摔画片""拔河""跳绳"等。

传统技艺与传承人

甲骨文书法家雷声

雷声，字文法，号喜耳翁，斋号卧云轩、汁青斋，1949 年出生于江苏省铜山县。曾任上海铁路局徐州工务段党组书记、工会主席，就读于北京大学艺术学院，作品多次获全国书法展览一、二、三等奖。

"笔墨当随时代"，为了克服甲骨文生硬的刀痕痕迹，雷声对文字进行了大胆创新。他说："甲骨文线条枯燥生硬，不同于毛笔书法多彩多异，有参照、有比较才有突破，我要用毛笔写出古老文字的神韵，做到笔墨与文字的有机结合。笔法上既体现出刀痕的刚劲又有笔墨的意趣，既有饱满外露的阳刚之气，又有收敛而不张扬的秀美风度，使之自成一体，个性鲜明。"近年来，雷声不但有甲骨书法，又有五言、六言、七言条幅以及诗、词、小令等作品多次获奖，尤其是他书写的甲骨文《论语》，以宏大的篇幅一气呵成，更加彰显甲骨书法艺术的表现力。就目前来说，雷声堪称国内使用甲骨字数最

↑ 甲骨文书法

多的书法家。海内外深受《论语》影响的人们，也会对这部以甲骨文书法艺术形式展现的《论语》感到极为亲切。在欣赏、体味铁笔银钩、恣意豪放的甲骨书法艺术韵味的同时，也重温了《论语》这部历久弥新的著作，从而达到温故而知新的效果。

著名篆刻家梁龙巴

梁龙巴,1949 年 12 月出生,江苏邳州人,著名篆刻家,中国书法家协会会员,西楚印社副社长。20 世纪 70 年代开始学习书法篆刻艺术,初学汉印,并从近代流派印中汲取营养,着重在文字结构、章法韵律、用刀变化方面潜心探求,以工稳见长,在平中求奇,继传统有追求,多有新意。作品曾入选全国第三、四、五、六、七届书法篆刻展览,国际书展,全国一、二、三届篆刻艺术展,全国第三届中青年书法篆刻展,首届中国书法家协会会员优秀作品展等。1988 年在国际龙年书法大赛及浙江篆刻大赛中均获金杯奖。作品曾多次入选国内外出版的多种书法篆刻作品集,诸如《共和国书法大系·篆刻卷》《全国第七届书法篆刻展览作品集》《彭城画派文献集》《现代篆刻家合集》《履迹》《汉风墨韵》《中国书法名城·徐州书法篆刻作品集》《向祖国汇报》《江苏书法五十年》等。

厨师世家高明喜

高明喜,1938 年出生,祖籍利国村。其曾祖父名玉,师承清末利国名厨潘老板。生子三,当时爷四人在利国开高家饭店,与徐州城里老字号"一品香""两来风"和"镇门楼"同样有名气。据传,20 世纪 30 年代,徐州"三翻子"(安清帮)帮会最高首领朱老太爷为葬其父置办酒席,一天开到 500 多桌,要求上述四家饭店各烹饪 125 桌。高家饭店派去三人,由于烹调技术好,吊丧客人都愿到高家饭店就座,一天实际开座 210 多桌,冒出近百桌。晚上朱老太爷闻知此事,非常生气,提着手枪,气势汹汹要找徐州另三家饭店的厨师算账,厨师吓得逾墙而逃。从此,利国高家饭店在徐州以北名声大震。曾祖父去世，饭店一分为三，祖父彦英创字号为"东升园饭店"，伯祖父彦标创字号"升平园菜馆"，三祖父逸泉创立"安乐园菜馆"。

1956年对私营经济改造，利国高家三菜馆合并到利国合作饭店和利国合作第二饭店。

1955年4月，高明喜时年17岁，在中国杭州剑桥飞行员疗养院工作13年，直至1982年转业复员到利国铁矿矿部食堂工作。退休后帮助兄妹高峰、高明英在徐州淮塔东奎园小区公路旁办"京都大酒店"。1998年响应党和政府"大力发展私营企业"号召，在农贸市场附近重新办起了"东升园菜馆"。

糕点世家曹昭信

曹昭信，汉族，生于1937年4月，利国村九组人，原县糕点董事会董事。其祖父曹化昌在民国初年（1912）开设"曹恒茂果子店"，至今已传有四代。当年特聘请徐州糕点师王开山在老后院制作糕点，前院设店营销，生意兴隆。民国二十年初（1931），其父曹文达从徐州万生园学成返家。为扩大经营，曹恒茂果子店一分为二，其伯父曹文典经营"西鼎源"，其父经营"东鼎源"，二店糕点制作技术均由其父指导，每年生产糕点三万斤左右，平常品种二三十个，逢年过节则更多一些。

1956年对私营经济改造，二店并入利国供销社食品加工厂。1959年其父去世，曹昭信继承父业，负责供销社食品加工厂糕点制作。20世纪60年代，年产量在10万斤左右，70年代由于老百姓购买力提高，年产量达30万斤，创产值20万元。进入20世纪80年代，糕点加工销售无论品种、数量、质量都达鼎盛时期，曾受徐州专区糕点董事会委托，在利国举办糕点培训班五期。1985 年全县设 10 个糕点奖，利国食品厂夺取 6 个；同年参加徐州专区举办的糕点评比竞赛，利国食品加工厂 12 种糕点榜上有名，荣获一等奖的有三刀、角蜜、香酥、百子糕等。1987 年生产的椒盐月饼、椒盐白糖月饼参加江苏省优质产品评比，荣获二等奖。进入 20 世纪 90 年代，由于市场开放搞活，竞争日益激烈，加之外地糕点打入利国市场等因素，糕点产量有所下降，每年只生产 13 万～14 万斤，在利国市场仍居于领先地位。

医药世家胡焕俊

胡焕俊，1949 年出生，中专文化，医士职称。其曾祖父携带祖传秘方、医术，从原籍江西南昌走出行医，曾在山东省滕县大坞镇落户。当时兄弟四人，其中老二又辗转行医来利国落户安家，生子七，长子胡秉元，即焕俊祖父，四子胡秉恒即焕昆祖父，只有这两位继承祖业行医，开药铺对外卖药。焕俊祖父中医技术较全面，各科病皆能诊治；焕昆祖父擅长妇科、小儿科疾患，也开一个药铺对外卖药。焕俊父名士纯，一生从医为主兼卖中药；焕昆父名士敬，则以卖药为主。俊兄焕文曾于 1956 年在中西医联合诊所（利国地区医院前身）任所长年余。现在胡家只有焕俊一人从医。1979 年俊父去世，焕俊顶替其父转为全民户口，进入医院，被分配到青山泉中药房工作；1986 年春调到利国地区医院做专职防疫员，负责传染病预防工作；1987 年到徐州市第六人民医院学习医学基础理论知识，1988 年在利国地区医院任食品卫生监督员，1989 年转入理疗科专职门诊至今，主要做针灸推拿按摩工作。

邮政世家李志恒

利国邮政史，有史可查要追溯到明永乐十三年（1415），官府在此设驿站，这个驿站除徐州彭东驿站外，在市辖区非他莫属，有上马 11 匹、中马 7 匹、下马 5 匹、马夫 23 人；有骡子 52 头、骡夫 52 人，担负南北二京的通信、运输需要，这就是邮局的前身。

清光绪二十三年（1897）二月，徐州设邮电局，利国驿设邮电分局；民国三年（1914）市邮电局改为二级局，在铜山县境设十四个邮柜，其中利国设一个，邮柜设在后街第十二村民小组李志恒家门口，对外办理信函收寄业务。当时"跑信"交通工具落后，主要靠步行。

中华人民共和国成立后，1949 年 3 月邮柜被国家收编，李志恒仍为负责人之一，后因年纪大由其长子李秀章、次子李义章接班。他们先后在大吴区（乡）柳泉乡邮电所工作。1978 年 5 月李义章调利国邮电支局任局长，1992 年退休。中共十一届三中全会以后，邮电局从市场路迁到国道北路东侧，业务量不断扩大。李义章长子李其明接班，在利国支局营业厅工作，其侄子李其玉也于 1996 年起任利国邮电支局局长。利国村安装电话超过 500 部（不含移动电话），利国邮电支局从小到大不断发展，业务量比中共十一届三中全会之前增长十倍多，已从一个名不见经传的小单位，一跃成为全乡重要部门。

唢呐世家王善志

王善志，1947 年元月出生，原居寄堡村。1980 年年初到乡广播站工作，迁居利国村第十五村民小组。他出身唢呐世家，据说在明朝万历年间他的祖辈就以唢呐为生，已传了十二代。他的曾祖父王庭喜、爷爷王士兰、父亲王本立都一代传一代，王善志从小跟其父学吹唢呐。中华人民共和国成立前，学唢呐是用工尺谱，主要靠记忆，中华人民共和国成立后以简谱为主。传下的大喇叭曲子有"大开门""满江红""朝天子"等50多首；喜事曲子有"柳金子""十眼景""凡子调""朝凤"等。20世纪70年代后，又发展了"徐州八板""大锯架""一枝花"等。20世纪80年代中期，又增加了现代歌曲"庆丰收""售货员"以及戏曲"沙家浜""红灯记""智取威虎山"等时代流行歌曲。

从明清至民国时期，吹唢呐是低人一等的，吹唢呐的人大都以讨饭为生，有钱人家娶亲或殡葬时用唢呐班，一般穷百姓是不用的。中华人民共和国成立后，党和政府关心民间文艺事业，使唢呐获得新生。1966年"文化大革命"初期"破四旧"时，唢呐班也未逃脱厄运。1978年中共十一届三中全会以后，群众生活不断提高，唢呐班又一次获得新生，以王本立、王善志为首的利国唢呐班，一直活跃在苏鲁边界一带；利国唢呐班和独山唢呐班在微山湖东一带很有名望。1984年王本立病逝后，由王善志领班"上活"，他除了继承和发扬民乐（笙、管、笛、箫）之外，根据形势发展，大胆革新，之后陆续增加了管乐（萨克斯、拉管、小号、长笛、双簧管等）、电声乐（电子琴、电贝思、电吉他）全套以及扩音设备，实行土洋结合、中西合璧。应用户要求，除吹奏传统节目、歌曲、戏曲外，还聘请原省柳琴、梆子剧团演员和业余歌手到现场演唱，深受用户和群众的欢迎，每逢吉日"上活"不断。利国唢呐已成为全村文化生活中不可或缺的艺术形式。

不同时期的群文团体

利国铁矿业余文工团

中华人民共和国成立初期，利国村从旧中国接过一堆烂摊子，到处坑坑洼洼、一片狼藉，职工业余文化生活无从谈起。后来矿山成立了一所职工业余学校，以供职工学习识字。学员在职工学校自发成立业余文工团，活跃职工文化生活。20 世纪 50 年代建了一处职工礼堂，社会文艺团体经常在此活动。60 年代末至 70 年代初期才建了一座规模较大的铁矿剧院，七八十年代该剧院接纳了全国各地文艺团体的演出，丰富了利国地区的文化生活。20 世纪 80 年代，先后有中国曲艺家协会主席、评书说唱家刘兰芳，北京说唱团电影演员张金玲，电影导演夏天等来到利国演出，提高了铁矿剧院的知名度，也使铁矿文艺人才不断增多。

毛泽东思想宣传队

20 世纪 70 年代初，利国大队革委会按照上级部署，成立了毛泽东思想宣传队，队员有张冠书、孟昭喜等二十多人，乐队有曹昭玉、胡焕金等。

毛泽东思想宣传队主要活动在本村，有时也到各厂矿企业和外村演出。那时演出的节目有诗朗诵、相声、对口词、三句半、表演唱、歌舞、快板书、双簧、大合唱及八大样板戏选段，也有用地方柳琴移植样板戏唱段，当时老艺人厉仁清用柳琴调演唱毛主席语录和诗词最受观众欢迎。节目全部由本队演员自编、自导、自演，中心内容以宣传毛泽东思想和围绕党的中心工作编排节目，紧跟形势需要。节目大都短小精悍、接地气，深受当地百姓喜爱。每次演出，太阳还未落山，不少人就拿着板凳占位置，每场演出都是人山人海。亦有白天在田间地头演唱。因受当时经济条件限制，道具、服装都是演员自备。宣传队员无任何报酬，还经常熬夜，但队员们人人意气风发，个个精神饱满。直到20世纪80年代初，多数演员进入社会企业工作，有的到乡文化站活动，村宣传队随之解散。

↓ 叮叮腔研讨会

叮叮腔研究会与艺术团

经过几年精心筹备，2008年3月10日，中共铜山县委宣传部同意成立"叮叮腔研究会"。研究会成立前后，召开了四次专题研讨会，分别邀请徐州著名戏剧家、一级编剧、作曲家和著名表演艺术家等，并邀请中国文联考察团专程来利国考察叮叮腔，专家为叮叮腔做了艺术鉴定，同意帮助申报省级、国家级非遗保护项目，为叮叮腔的有序传承与发展指明了道路。

2016年，叮叮腔新戏《古驿情缘》参加了全国小戏小品大赛，荣获优秀组织、编剧、剧目、音乐、导演、演员等六项大奖。

2017年4月11日，叮叮腔挖掘剧目《站花墙》《下山》折子戏荣获中央电视台戏曲频道"一鸣惊人"栏日"梦想微剧场"第

↓ 央视微剧场演出

二季团体铜奖。

徐悲鸿艺术研究会

徐州徐悲鸿艺术研究会是专业性民间团体，登记管理机关是徐州市文学艺术界联合会，接受徐州市委宣传部、徐州市文学艺术界联合会和徐州市文体局、徐州市民政局的业务指导和监督管理。

该研究会有会员 106 人，理事 36 人，监事 2 人，住所面积 379 平方米。会员多是以徐悲鸿艺术的爱好者与长期研究徐悲鸿艺术的专职人员为主要发展对象。

该研究会的宗旨，以传承和弘扬徐悲鸿先生的高尚品德和艺术精神为目标，加强与国内外相关艺术机构的合作交流，着力倡导徐悲鸿大师的艺术风格、伟大胸怀、爱国情操和民族气节，促进书画创作和理论研究的繁荣。同时，与本地优秀传统文化建设有机结合，合力打造书画徐州，为振兴民族艺术、推进精神文明建设、构建社会主义文化强国做出积极贡献。

研究会的业务范围包括：研究徐悲鸿大师书画艺术、创作评审等；书、画理论研究和学术交流；书画作品展览、比赛及笔会；书画教学与培训，编辑、出版书画教材、报刊、作品集；书画电子音像制品、书画艺术网络及书画公共艺术的出版制作开发；与外界联办展赛，进行对外交流、联谊和有关合作事项，以及本会业务领域内的其他活动。

中国民间
文化遗产
抢救工程
THE PROJECT TO CHINESE
FOLK CULTURAL HERITAGES

　　每一个地方都有一个发生在"很久很久以前"的神秘故事，通过世代有序地口耳相传，至今仍是人们茶余饭后的美谈。利国趣闻逸事展现了利国厚重的文化底蕴。如白家桥与白琨、铜山岛、龟山岛来历、王四爷的兴远镖局、乾隆大破牛头山、姜子牙钓鱼台，等等，既有地名追溯，也有抗日战例，还有风俗习惯的分析，娓娓道来，趣味无穷，不仅具有较高的历史价值，也是对利国历史与传统文化的有益传承。

江苏省级文物保护单位

白家桥

江苏省人民政府
二〇〇六年六月五日公布
徐州市人民政府立

中国历史文化名村
江苏利国

第 五 章

趣闻逸事

白家桥与白琨

　　白家桥地处利国镇中心，毗邻104国道，是省级文物保护单位，是淮河以北唯一一座至今保存完好的元代三孔石拱券桥。该桥全长22米，宽8.6米，中孔跨度5.5米，两边临孔4.6米，中高6.4米，在长达近七百年的历史风雨中，饱经车马轧踏、战乱之祸、地震水灾、风剥雨蚀，直到今天仍安然雄踞石龙河（宋代的运铁河）上。全桥净石砌筑，优美舒展、平实稳重；桥身块石均凿刻出斜线纹，精细流畅，桥栏浮雕花鸟图案；桥体拼缝则灌有糯米灰浆和铁榫垫嵌，下面凸出的桥墩呈三角状，分化、削弱东来山洪，减轻水量对桥体的冲击；券孔弧度设计合理，承重能力大，抗战时期有坦克和重吨位卡车通过均安然无恙。石桥至今风采依旧，在古今桥梁建筑史上堪称奇迹。

　　据《读史方舆纪要》和《大清一统志》记载："宋置利国监于下山，其阳有运铁河，元人置利国监桥于其上。"清同治《徐州府志》也有载："利国监桥，在新桃沟，元人建。"石桥建造年代大致在元顺帝至正年间（1347~1348），历时一年半竣工，由地方富商白琨（白琨，字景隆，祖籍洛阳香山，其曾上祖于北宋年间随军来利国）兴资筹建。

　　自古以来造桥铺路都是造福一方的公益事业，是士绅们的善举，也是地方官府政绩的体现，深得百姓拥护，因此也可以获得美名，千古流芳。石桥落成之日官府要员前来庆贺，桥身披红挂彩，狮舞龙飞，锣鼓喧天。众乡绅名流纷纷解囊倾助，所得善款颇丰。

官府命名"利国监桥"。数月后白琨又令工匠在桥南修一石塔,高丈余,署名"龙河塔",并且在桥下中孔顶端亲笔题写"桥毁他修"四字,由专业工匠凿刻。

两年后,白琨举家乔迁南京,亦说迁至江西景德镇。

"利国监桥"何时被人们改称"白家桥"呢?还得从白公题写的"桥毁他修"说起。

明朝洪武初年的一个夏天,利国来了两个南方风水先生,生意出奇地好。一日闲暇游览微山湖,在桥下船上小憩乘凉,无意间看到上方"桥毁他修"四字,深感疑惑。几经打听和观察,终于悟出了其中的奥妙。在一个月黑风高的深夜,石塔砰然倒地,塔内财物被洗劫一空。之后人们才明白:"桥毁他修"中的"他"和"塔"字谐音,塔内藏有一定数量的善

↑ 省级文物保护单位白家桥

款,是白公用心良苦为后人留下的石桥维修经费。不经意间被两个精明的南方人识破,人走塔空。白公的崇高形象再一次被乡人放大,"利国监桥"自此改称"白家桥",沿用至今。

如今过去了近七百年,但白公仗义疏财的善举仍被利国人世代称颂。"桥毁他修"四字直到今天依然清晰可辨。

爱国人士徐凤山

徐凤山，字歧周，1909 年 7 月生于江苏省铜山县利国乡蔡家山村的一个书香门第家庭。年少时的徐凤山天资聪慧，勤奋好学，在汲取传统文化知识的同时，也在长辈的教导下，立下济世报国的志向。

走出校门后，随着个人见识的逐步增长，徐凤山充分认识到教育的重要性，因此他决定在村里自办学校，以改变村人没有文化的落后面貌。为了解决教学场所问题，他征得父母同意，把自家的一间住宅腾出来，而他自己则搬进简陋的小屋去住。有了教室，学生自带桌凳，贫家孩子可以免费就读。他亲自执教，大哥、二哥也来助教。在教书育人过程中，兄弟三人始终信奉"黄金非宝书为宝，万事皆空善不空"的道理。同时，他们也将这句话当作家训，教育了徐家一代又一代人。

为了提高自身水平和教学质量，徐凤山还亲自到山东曲阜请来当时公认的"三贤"中的一员，晚上给他补习古文，白天教他管理学生。徐凤山把全部精力都投入办学上，不怕苦累，不遗余力，就这样埋头苦干了几个冬夏。他的这种无私忘我、滴水穿石的精神，感染了每一个学生，也感动了父老乡亲。因为教育成绩突出，1936 年，他被委任为铜山教育主任（县教育局长）。

天有不测风云。正当徐凤山在教育园地一展宏图之际，"七七事变"爆发了。国难当头，抗日为第一要事，学校被迫停办，他和兄弟们一起奋不顾身地投入抗日救亡大潮中去，一方面做宣传动员，一方面为抗战捐钱捐物。同时，他还带人在蔡山村东挖出一处面积很大的河塘，以备日军来袭时村人有躲身之处。此河塘在当时多次发挥作用，让村人所受的伤害降到最低。现河塘遗址尚存，村人称之为"南洼"。

不久，徐凤山入伍，参加了台儿庄战役。此间，他被委任为淮海地区特务组和电台组组长，化名徐歧周，主要负责为抗日部队搜集敌方情报的工作。在做好情报搜集工作之余，他还联络其他抗日人士，一起募集兵力和枪支弹药，并且在很短的时间内拉起了一支几百人的抗日游击队伍。游击队在津浦铁路沿线与日军做斗争，端掉了驻踏蝎山的护路鬼子兵；夜袭利国火车站，狠狠地打击了日寇的嚣张气焰，保护了周边群众的生命财产安全。

为了便于隐蔽和斗争，他随后又把自家五口人搬到微山湖边的小山窝居住。在那里，他每次回家都和气待人，深得邻人的欢迎和尊重。附近发生的大事小事，邻居都会讲给他夫人听。有重要的消息，他夫人再适时转告他。

一天，部队驻在离家不远的地方，他抽空回家一趟，乡邻闻讯都来找他攀谈。不一会儿，一个青年突然跑来报信：鬼子来了！一屋人便迅速分散躲藏。徐凤山翻过几道墙躲在一堆秫秸下面。鬼子在村里搜了一通，扑了个空，他也因此躲过一劫。

战乱未完，瘟疫又至。1940 年，一种恶性痢疾开始在地方蔓延，患病死亡的人数日渐增多。蔡家山村也未能幸免，当时村内人人自危，徐凤山家中的八位老人也因此死去七位，仅剩下已经奄奄一息的母亲。这天，他的情报员赵传良打听到游击队驻地，就步行几十里找到他，说明来意。他得知母亲病情后，就和赵传良一起摸着黑路赶到家中。母子见面，徐凤山内心满怀悲伤和愧疚，一时说不出话来。母亲拉着他的手，用微弱的声音安慰他，让他安心干好工作，不要牵挂她！因为鬼子正在重金悬赏抓捕他，他不能在家久留，便含泪对哥哥和弟弟再三嘱托全力照顾好母亲，准备第二天一大早离家。

当夜，他很晚才躺下休息。朦胧中听人说鬼子进村了，他连忙机警地躲进夹皮墙内，结果鬼子错抓了他的大哥。大哥被押走后，徐凤山才知道是有汉奸在为敌方通风报信。全家人面对这突如其来的变故，一时束手无策。鬼子对其大哥严刑拷打，威逼利诱，大哥终未透露半点实情。后经二哥多方营救，大哥才虎口脱险。

1945年，抗战胜利。政府授予徐凤山"抗战英雄"的光荣称号，他们全家也被授予"抗日门第"称号。不久，徐凤山被安排担任第二区分部负责人，并当选为铜山县县参议员。虽有行政职务在身，但徐凤山依然心系教育。在铜山县教育局的支持下，他重操旧业，创办了利国中学补习班，并配备英语、数学教师，得到学生家长的一致拥护，大家纷纷捐钱捐物。1946年2月，补习班正式开学。

1948年，徐凤山随军到台湾，后在台北长期从事教育工作。1997年在台北去世。2015年7月，台湾当局为其颁发"抗战胜利纪念章"一枚。

利国乡贤厉仁义

厉仁义，生于 1921 年，卒于 2014 年 6 月，字尚志，号抒啸堂主，利国村人，一生未仕，隐居山村。

先生生逢乱世，少怀大志，幼稚之年即入乡贤私塾求学，稍长再从本族贤达执经叩问，弱冠之年以饱学之士闻名乡邻。诗词文赋多能上口；京剧、昆曲、京胡亦可吟操。其晚年遇后生求教者，尚能背诵《左传》及柳宗元、韩愈等名篇名句。晨练时，偶于东皋逐清流而长啸，仰白云而放歌。书法初从颜体《多宝塔碑》入手，再学《颜勤礼碑》，后涉学于晋唐宋元名帖之林，纵笔于儒生乡绅之间。至耄耋之年仍书写椽笔大字。曾多年参与苏北书画院、东坡书画院活动，荣获徐州道教书画展组委会特别表彰。现有遗作石碑《苏轼·石炭并引》《清代蔡山煤矿遗址》《应酬类撰》等存世。

先生平生可谓出入两世，历尽沧桑，做人学艺、文章道德独树一帜，听求呼于邻里之间，秉笔墨以牛马之步，一生奉献不求闻达，在本镇及苏鲁边境颇负盛名。

厉静武智除匪害

为民除害

厉静武，清末民初时期利国圩的圩董，胞兄弟五人，排行第五（亦说排行老三），里人及周围一带又称"五爷"，性情豪爽，仗义疏财，喜广交朋友，精通词颂，当时在利国一带颇有名气。

在利国至今还传扬着五爷治李三的故事。利国街有个青皮名叫李三，终日游手好闲，横眉竖眼，不务正业，整天腰插三角刀，一日三餐酗酒骂街。人见侧目，敢怒不敢言，生怕青皮动刀伤人。一日，李三酒后大醉，有人戏弄道："李英雄，你谁都敢骂，不知你敢不敢骂五爷？"李三醉酒眯眼道："我在利国街谁都怕我，我谁都敢骂，别说他是五爷，他是六爷我也敢骂。"大话刚落，适巧五爷到此，李三真的破口大骂。厉静武视其酒意，未予理睬，转身回家。随后命家人给李三送去麦子五斗，让其活命。半个月后，李三在东井崖十字路口，看见五爷又痛骂一顿，厉静武宽宏大量，又未理会，从口袋里掏出三块大洋，让其做个小生意，并嘱其不可滥喝。不几天，李三钱光粮尽，又重蹈复辙。厉静武见其朽木不可雕也，愤怒回家，遂写一纸送至县衙。次日，数名捕手将李三绳索捆绑押进监牢，监牢对其不审不问，不打不骂，只给少许食物度命。后李母知道内情，率全家到厉家跪拜赔礼，厉佯装不知。在李三将要断命时，厉又写一信到县衙，将李三从牢中抬出。不久，李三羞愧而亡。里人赞赏厉静武为民除了一害。

讲情治匪

民国初年，一天，山东梁山县王某在铜山县境内，于光天化日之下抢劫被捕入狱。按法律定匪案应处极刑。在审讯中，人犯说他有同伴，系利国圩董厉静武。适巧厉在大堂陪审，便问："你见过厉静武吗？"犯人随答："我与他合伙作案多次，又是好友，岂能不认识他。"厉正色道："你认识我吗？"匪抬头答道："不认识，官爷。"厉破颜而笑说："我就是厉静武。"匪见状，连忙叩头，求其救命。县令责问："为何诬陷他人？"王答道："家有老母妻小，吃上顿无下顿，抢劫是被贫困所逼，知五爷广交朋友，与县台大人交往甚厚，故说假供，请五爷救命。"厉听之，随与县令合议，改匪案为盗案，当堂重责四十大板而释放。王某为感激五爷大恩，表示今后一定悔改，决心做个良民。

风山庙

　　"风山会"是个富有浓郁地方特色的古老庙会，经过了数百年延续发展，已形成苏北鲁南接壤地区的大型民俗活动。每逢农历二月十九庙会之日，这天必有风起，民间自古就有"不刮风就下雨"之说。会址自1954年从风山迁至利国，仍然传承着昔日的热闹繁华。两天庙会期间，商贾云集，篷幔遍街，各类物品琳琅满目。民间工艺、风味小吃，应有尽有。凑热闹赶会者蜂拥而来，人头攒动，好不热闹，不仅印证了当初庙会的兴盛，而且展现出一幅人文风情画卷。

　　风山庙又名"观音寺""拉山寺"，坐落在磊庄村南绿树成荫的风山北麓。民间传说寺庙最初建在山南坳中，后因造庙触惹风神才被拉至山北。二月十九日原是观世音菩萨诞辰日，据说那天祥光普照、风和日丽，唯独这里狂风肆虐。恰巧九天仙女经过，看此情景点化了众乡人，就此建庙可以镇住风邪。数月后庙宇落成，大风即止。这可惹恼了上天风神，遂遣金牛星率十二神牛连夜把庙宇拉至山北，留下了数道深深的拖痕，直到今天那些痕迹处都寸草不生。

　　据清雍正版的《徐州府志》载，"利国驿风山观音寺建于宋元年间，当为地方名刹，乾隆五十六年重修"。据说很早以前有一位叫弘七的云游僧人经多方募捐并得到官方支持，建成了这座气宇不凡的寺庙。寺庙的奇特之处是其朝向竟然与一般庙宇大为不同，那就是坐南朝北。抗日战争后风山庙日趋残破，20世纪50年代"破四旧"废了庙堂，有用之材被运到山下建学校、修水渠，众僧人也被迫还俗。

据一些老人和健在的僧人回忆，风山庙依山构筑，为一门二殿式布局，山门外设有戏台和看台，面积开阔，四周古柏参天。每逢会期便演戏酬神，锣鼓喧天、热闹非凡。大门和前殿连体，高墙相围，有登殿台阶，门楣上刻"风岭朝晖"四个大字。殿内供奉送子观音，下设神龛。后殿青瓦白墙、飞檐翘角。殿堂供三佛罗汉，善男信女顶礼膜拜，乐此不疲。天井院内分东西廊道，另有钟楼和石塔，东廊塑十殿阎君和彩绘六道轮回佛教故事；西廊端坐关公、华佗等塑像，神态各异，栩栩如生。寺院内外竖立着十三通碑碣，分别刻录了该庙的人文史迹和募捐人姓名。风山庙常住僧侣通常不低于十余人，历来香火旺盛。

↓ 利国庙会

白果仙子的故事

相传在很久很久以前，利国奉圣寺前的古槐树内长出一棵白果树，天长日久，它通了灵气，变成一个白面书生。一天，他到徐州郊游，遇见一位美貌的少女，二人一见钟情。白公子鼓起勇气，登门求婚。他走到大堂，见了姑娘父母，深施一礼，自称家住徐州北约八十里的利国驿，姓白，自幼父母双亡。姑娘父母见书生品貌端庄、仪表堂堂、知书达理，就成全了他俩的姻缘。婚后夫妻情投意合，恩恩爱爱。

过了一年多，白公子思念家乡，就向姑娘说出了自己的心思。老夫妻俩苦苦挽留，白公子执意回家探亲，并说百日内就可来。无奈全家只好同意。姑娘送公子到十里长亭，嘱咐公子早去早回。谁料公子一去三个多月不回，姑娘放心不下，告明父母，决心亲自去利国寻找夫君。那日姑娘告别双亲，从日出走到日落才到达利国。她到处打听白公子的下落，可这里的男女老幼都不知道此人。为此，姑娘不知流了多少伤心泪。她不知不觉来到石龙河上的一座桥头上，想寻死，因悲痛过度，便晕倒在桥头。曚眬中见到白公子走到她的眼前，轻轻地把她扶起，连声道歉赔不是，并指河南岸一处馆舍给姑娘说："那就是我的家。"姑娘刚要起身忽然又栽倒，睁眼一看，哪儿有白公子，原来是南柯一梦。姑娘就向河南岸走去，定神一看，原来是一座寺院，只见山门外有一棵大槐树，树中又生出一棵白果树。姑娘走到树下，一阵微风吹过，树上发出阵阵轻声，好似白公子的声音。她抬头观望，微风吹过，树上落下串串水珠，掉在她的脸上，姑娘恍然大悟，白公子原来就是这棵白果树！姑娘高声呼叫："白郎呀，白郎，我找你来了……"哭得死去活来，倒在树下。姑娘在石桥上梦遇白公子，后人就把这座桥叫作白家桥，把白果树叫作"树上树"，成为利国八景之一。

二郎山下九女姑

二郎山位于利国镇政府驻地右后方，山体海拔44.2米，与墓山一脉相连。因104公路绕镇区变道，才与墓山断开，两山之间早年就有一条南北通道。光绪年间有乡绅捐资在山顶修建庙堂一座，正殿供奉着二郎神塑像，面南坐北，器宇轩昂；殿下有四大金刚护法，三面山墙均彩绘"禹王锁蛟"和"十八王斗宝"等传统壁画。庙后生长着一株百年绒花树，形如伞盖，数十里之遥亦能看见。直到中华人民共和国成立初期的20世纪50年代庙宇因年久失修倒塌。今天在山顶仍能看到昔日的殿基和碎砖瓦砾。

20世纪80年代前后，随着利国建材业的崛起，二郎山变成了水泥、石灰等原料基地，东面山体留下数个大小不一的采石深坑。山坡下那纵横呈"三"字形的九座坟丘至今还能依稀可辨，人称九女坟，亦称九女姑，是乡人茶余饭后津津乐道的话题。在利国村关于九女姑的故事至少有三种传说。

一是乾隆女儿说

相传，清康熙皇帝的四皇子雍亲王，成天挖空心思想生个儿子，偏偏他的爱妃不争气，生不出儿子来。

这天，雍亲王的爱妃又生产了，谁知生下来的又是个千金，气得雍亲王茶不思饭不想，唉声叹气，坐卧不宁。

说也凑巧，一个心腹内侍为了讨得王爷的欢心，笑嘻嘻地进来说："叩见王爷！我家老爷添了个公子。"陈家阁老添了个公子，公主和公子本是同年同月同日同时辰生，真是巧合。

雍亲王一听高声叫道："好个公主、公子，只一字之差啊！你送个请帖去，叫陈阁老把公子抱进王府来让我看看。"内侍答应一声，向陈府去了。

过一会儿，陈阁老兴冲冲地抱着公子到王府。雍亲王把公子抱过去，看看笑笑，随后又把公子抱到内房让爱妃去看。可是，当雍亲王再抱那婴儿出来时，面色变了，他对陈阁老喝道："嘟！大胆，一派胡言，明明是个女的，怎么说成是男的？你欺骗本王，可知罪吗？"

这一下，陈阁老惊呆了，吓得浑身打战，真是哑巴吃黄连——有苦说不出啊！没奈何，只得跪下连连叩头说："臣年老糊涂，请王爷开恩。"

这时，爱妃出来了，她手拿玉如意，对陈阁老说："阁老请起，王爷恕你无罪了，我爱这小姐，赐她无价之宝玉如意一个。愿她长大成人，一生荣华富贵，万事如意。你快谢过王爷，回府去吧！"

就这样，陈阁老把"公子"抱了回来。他左思右想，越想越害怕：这事天知地知，他知我知，万一走漏风声是要杀头的。于是，他奏请康熙皇帝，告老还乡了，带着公主回到了浙江海宁老家。

这个被调了包的陈阁老儿子，从此就留在雍亲王身边。后来康熙一死，雍亲王就当上了皇帝，叫雍正皇帝。那孩子也就成为皇太子了。

再说陈阁老回到海宁，把公主唤作"九小姐"，对她是精心抚养，百般关怀，唯恐照顾不周。

一年又一年，转眼九小姐 13 岁了。她的生父正是当今皇帝，她的生母被封为皇后。皇后娘娘思念她的亲生女儿，于是，奏请雍正皇帝下道圣旨，要陈阁老亲送九小姐进宫。

九小姐进宫后，被皇后娘娘认为义女。从此，九小姐在皇宫里过着公主的生活。

九小姐进宫的第三年，雍正死了。那个与九小姐同年同月同日同时辰出生的男孩子，理所当然地接位登基，当了皇帝，改年号为乾隆。

一天晚上，皓月当空，乾隆独步御花园。此时夜深人静，忽听殿角小房里传来低语声。乾隆信步来到窗下，从窗缝中向里探望，只见一个白头老宫女和一个年轻宫女闲聊："你知道当今皇帝是谁的儿子吗？是浙江海宁陈阁老的儿子，是先帝用女儿调换的。我对你说了，你切不可漏半点口风，否则要杀头的！"年轻宫女吓得赶紧吹熄了灯。

第二天，乾隆密传那白发宫女单独见驾。乾隆证实了自己真的不是雍正的亲生，他的亲人却远在浙江海宁。于是动了省亲之念，传旨巡游江南。

九小姐得知皇帝要巡游江南，思念远在海宁的亲人，随御驾赴海宁省亲。当人马行至利国驿行宫时，九小姐突发暴病身亡。乾隆大为悲伤。因系少亡，不宜载枢南巡，欲就地埋葬，皆因有无价之宝玉如意陪葬，故设疑冢，选用亲兵数百人，连夜在二郎山东山坡，筑建九座墓室，埋葬了九小姐。从此，这里便称"九女姑"了。

二是王侍郎女儿说

相传，明嘉靖年间，宦官王侍郎告老解职携眷回原籍绍兴时，途经利国，适小女突然暴卒，父母悲痛欲绝。因系少亡，不宜载柩南归，欲就地埋葬。盖因盗墓贼蜂起，又远离故土，势莫能助，恐盗贼掘墓失金玉事小，唯惜女尸为重，经深思熟虑，故设疑障。王侍郎选用亲丁数十人筑建九座式样相同的墓室。

王侍郎离去后不到一年，九座坟墓终被恶人陆续掘开，仅在一墓穴中发现棺椁，开棺后，发现是空棺一口。原来王侍郎又伏一疑障，将女儿葬于他处。究竟葬在何处，至今也是一个谜。

三是利国富室郭姓之女说

利国富室郭刘氏生九女无后，九女婆门皆殷富。

郭氏病故后，九个女儿为表孝心，都争相为母亲筑墓，后长女出谋，九女各筑一墓室，焚香指点，以定母穴，且可避盗墓贼之患，实为两全之计。九个女儿同意后，在二郎山下，按指定地点，同样尺寸筑有九个墓室，并立有碑记。母葬于何室，亦无人知悉。一年后，为纪念母亲80诞辰，九女又出资建了九层石塔，塔高数丈，里人称"九女塔"。现塔已毁，唯有九座土坟尚存。

上述有关"九女坟""九女姑"的三种传说，在民间广为流传，到底哪一种传说正确，有待进一步考证。但利国九座坟墓的存在是不争事实。

乾隆大破牛头山

　　利国在隋唐时期叫秋丘，明朝永乐十三年（1415），官府在这里设驿站又名利国驿。乾隆几次下江南，大都经过利国驿。传说第三次下江南路过利国南大桥时，乾隆心情郁闷，就连桥下蛤蟆成群高歌欢迎天子也没落着好。传说"利国的蛤蟆干鼓肚"，记述的就是此事。

　　乾隆出巡，每次都是车马行进，前呼后拥，好不威风。有一次下江南，又路过利国驿村北牛头山，一侍官因长途跋涉，疲惫不堪，为借机小息，他顿生一计，遂奏请乾隆帝说："皇帝陛下，臣精易卜，善观风水，我观此山头向西，尾向东，似犀牛望月，跃跃欲奔，貌似险恶，此地储黄龙沙，主有皇贵，牛头山是个风水宝地，如不破解，久后必反，有损社稷。"乾隆大惊，遂命车队停下，问计于侍官。侍官说："首先，要查清此山祖林姓啥名谁？然后定夺。"乾隆命下官去查，不久，便知是赵姓祖林。侍官回复："皇帝在上，恕小官直言，办法有了。您俩同姓（传说当地百姓认为乾隆本姓赵，都叫他赵乾隆），本是一家，只要认亲，即可破解。"乾隆听之有理，派个官员到赵家传达圣谕。谁料利国赵家不识抬举，怕受牵连，不肯认亲。乾隆听后大怒，岂有此理！侍官灵机一动，计上心来："将路改道，穿山而过，意在斩断龙腰，再在龙首建一行宫，震住龙头，可保吾主江山永固。"乾隆准奏，从国库拨银，传旨照办。不久，一个富丽堂皇的行宫落成（里人又叫皇殿）。

　　据说乾隆下江南时，在这个行宫只宿过一夜，有的说连一夜也未宿。皇殿后因历尽沧桑，无人修葺，几经战乱而毁。直至中华人民共和国成立初期，在原遗址上还能捡到断砖片瓦。据十一组村民刘德银说，他的田地原在皇殿，小时候地不好耕，扒地三尺有古时大青砖。对皇殿的兴建和毁坏，后人有诗斥曰：

> 侍官进谗太荒唐，
>
> 牛头错设殿皇梁；
>
> 帝王不察妄准奏，
>
> 耗尽民脂银万两。

↓ 中华人民共和国成立后的牛头山铁矿

刘伯温救族人

早在明朝以前，村西微山湖叫留城，可老百姓都说是彭城。利国是彭城的东关，是苏北、鲁南重要的商品集散地，周围还有垞城、东城、沛城、薛城、欢城等 18 座连城。彭城街道宽敞，士农工商生意兴隆，老百姓安居乐业，一派太平景象。

明朝洪武二年，一夜之间突然彭城等 18 座连城沦为一片汪洋。在利国民间还流传着一段刘伯温救族人的故事。

1368 年，大明开国皇帝朱元璋在南京称帝。他听信逸言，意欲火焚庆功楼，炮轰群臣。其他群臣还蒙在鼓里，唯独军师刘伯温看破红尘，辞职隐居修道。他的后人也陆续离开金陵，迁到彭城经商。洪武二年的一天，刘伯温算定 18 座连城将要沉沦于大水之中。为挽救族人逃出沉湖的厄运，他扮作一名算命先生，来到彭城他后人家门口高喊："测字算命，逢凶化吉！"因刘家后代没有见过刘伯温，所以不认识他，就把算命先生请到堂上，让他算算吉凶祸福，生意如何。算命先生掐指一算，面带惊愕地说："哎呀，不好，你家不久将会有灾祸，应小心提防才是。"刘家主人一听慌忙问："先生，我们家将遭何灾？有无方法破解？"先生说："此乃天机，不可泄漏。我有柬帖一封，望你们妥为收藏，但要等到彭城东关城隍庙门口一对石狮子眼睛红了，方可拆看，自有妙法破解；如果早拆，就不灵验了。"先生说罢扬长而去。

刘家人送走先生，心惊胆战，一边将柬帖收藏好，一边派一名家人日夜守候在城隍庙门口，只等石狮眼红了，立即回禀主人。家人一连守候数日，不见石狮子眼红，日子久了，有些疲劳。一日便在墙角打起盹儿来。这时正巧附近私垫学堂的一个调皮学生，用红水笔将石狮子两眼染上了红颜色。刘府家人醒来一看，石狮子眼睛红了，就急急忙忙跑回家，气喘吁吁地说："启禀老爷，石狮子眼睛红了！"刘家人一边连夸算命先生真准，一边急忙将柬帖取出拆封观看，但见帖上只写了一个"筏"字。刘家人不敢怠慢，急召家人拆房的拆房，扒屋的扒屋，砍树的砍树，取料造筏，不几日木筏造好，全家人将金银财宝搬到筏上。刘家对门一户姓陈的亲戚看到刘家造筏，就想到刘家前辈刘伯温神神鬼鬼，料定必有事故，也学刘家扒屋造筏，全家人搬到筏上。就在那天夜里狂风大作，飞沙走石，大雨倾盆，风声怒吼，水声隆隆，一霎时汹涌的波涛吞噬了城池和村庄，18座连城一夜之间变成了一片汪洋。刘、陈二家的木筏顺水漂到韩庄，在那里分别落了户。

刘家人保住了性命，便烧香叩头，认为刘家是积了德，算命先生是天上神仙下凡才救了他一家。他们哪里知道，那位算命先生原来是被人们称为"散仙"的刘伯温，是他们的祖先救了他们全家性命。

繁荣昌盛的18座连城一夜之间荡然无存。由于地势的关系，城南只剩下九顶凤凰山，彭城东关只剩下城隍庙、窑山子，留城东北只剩下微山了。

史料载，留城被淹是在金朝明昌五年（1194）；而故事讲留城被淹是明洪武二年（1369），相差了175年，只能是个传说而已。

姜公钓鱼台

位于利国石楼岛南侧、柳泉北村西南凤凰山 560 米，距柳泉 25 里西北方，有一处地方，与著名的微山湖岛隔湖相望。

据传古时，这里是 18 座连城的窗城所在地，当时是数十米高的山头，周围林荫夹道，灌木丛生，一片生机。后因地壳变动，城镇村庄随之下沉，仅山头露出地面。洪水退后露出台形，颇有钓鱼之势，后人名曰钓鱼台。

据传，周朝军师姜子牙曾在此多次垂钓，故曰姜子牙钓鱼台。

↑ 姜太公在微山岛钓鱼图

现在湖水已退，台身全露，石刻古迹有的清晰壮观，有的隐约可见。实地观察，台上东北方有块长 1.7 米、宽 0.45 米的石头上刻有"醉卧石"三字，笔力雄健有力，左方落款为"贡紫隐君徐松芳题"；台上西北方长条石上刻有"湖山胜景"四字，字迹力透石壁，接下方刻有"金忠题儒家训书"的"升仙台"三字，峻逸雄浑。由此可见，在微山湖未形成之前钓鱼台原为升仙台，与姜子牙封神也有联系。

在升仙台偏西北方的石上刻有诗一首："隐士居林下，目睹石与泉；知音人未到，终日抱琴眠。"至于何人所写，何人题诗不详。据初步考证，书法为明代。因当时交通不便，道路穿湖而过，钓鱼台山清水秀，风物宜人，文人墨客络绎不绝，便触景生情，挥毫题词。

铜山岛·龟山岛

铜山岛

铜山岛在利国村西三公里许的微山湖内。

相传，在很久很久以前，天宫里的太上老君骑着青牛下界来到这无名小岛，只见岛上山清水秀，四周波光粼粼，是一个炼丹的好地方，于是，在岛上支起一座炼丹炉。当炼到七七四十九天时，忽然天空飞来一只仙鹤，背上坐着一个童子，手捧玉帝圣旨，宣太上老君速回天庭议事。老君不敢怠慢，把青牛拴在炉旁，便乘仙鹤走了。谁知这一去又是七七四十九天，眼看仙丹就要炼好，青牛急得抬头朝天上"哞"的一声吼叫。这猛一抬头不要紧，炼丹炉被拉倒了。炼丹炉里的仙丹药水溅了青牛一身。青牛被烫得疼痛难忍，挣断了缰绳，钻到了地底下。这小岛的泥土本来就是土黄色的，再和老君的仙丹药水一混合，马上变成了黄闪闪的石头。以后，人们在这岛上开矿、炼铜、铸钱，都说是铜山。"铜山岛"的名字从此叫开了。

龟山岛

龟山岛东邻铜山岛，南和风光秀丽的九顶凤凰山相望。

相传，明朝洪武年间，微山湖不知从何处来了两个本领高强、法术无边的雄雌乌龟。天长日久，它们相互爱慕，便化作一对年轻夫妻，来到幽雅美丽的凤凰山脚下，与当地乡人共享人间乐趣。

　　有一年久旱无雨，禾苗枯萎，土地干裂，乡亲们求龙王、拜神仙，折腾了好些天，仍骄阳似火，滴雨不下。眼见收成无望，乡亲们口吐怨言，诅咒老天。恰巧，被下界查看的天神听见，急告玉皇大帝。玉皇勃然大怒，急令瘟神下界投毒。于是，这一带突然流行一种瘟疫，病死者无数，人间一片凄惨。乌龟夫妻历尽千辛万苦，采药制丹，不分昼夜给乡亲们医病。

　　此事又被玉皇得知，便派天兵天将下界擒拿它俩。双方斗了几个回合，雌龟因有孕在身，动作缓慢，被金光罩住，现了原形，变成了今日的龟山；那只雄龟借雾逃往洪泽湖，后来也被追杀，化作洪泽湖的龟山。

↑ 铜山岛

九女和磨山

传说古时候，利国镇的镇主是海冥王，他有九个女儿，其中数九女长得俊秀聪颖，心地善良。利国南边二郎山下有个小庄，庄里有个卖豆腐的青年，名叫王小磨。他家道清贫，长得英俊伶俐，为人忠厚。他的豆腐水分少、质量好，能用秤钩勾起来称，加之遛乡叫卖时热情和气，足斤足两，很受这一带人的欢迎。

九女的绣房在冥王府的后门，正对着大街，常常可以看见王小磨。她见小磨相貌端正，为人朴实，顿生爱慕之心，常借买豆腐的机会主动搭讪。

一天，小磨又来了，九女忙放下手中的绣花针，端起筐箩去买豆腐。在称豆腐时，她灵机一动，想试试小磨是否灵透，顺口念出一上联："木梳不长理万丝。"

小磨一听立即会意，忙对下联："秤锤虽小压千斤。"

九女闻听，微微点头，又道一联："荷花待苞，知花知叶不知心。"

小磨一听，脸微微一红，又答道："小磨推粮，下豆下黍难下玉。"

九女听出话外音，更加佩服小磨为人，愈发执意追求，终于建立了感情。九女常常偷偷到小磨家，和他一起推卖豆腐。

纸里包不住火。九女和小磨的事终于传到了海冥王的耳中。海冥王气得暴跳如雷，认为穷卖豆腐的怎么配得上他的千金小姐！就指派手下人把九女软禁起来，不许她走出闺阁一步。

海冥王还不解气，为了根除后患，他又把小磨抓起来，连同他的一盘磨也一齐压在二郎山的石穴中。这盘磨因与二郎神的三尖两刃刀接近，年深日久，竟成了金磨。

自王小磨被压在山中，九女心里非常焦急，可又无可奈何，连自己也身不由己呀！从此她茶饭不思，忧郁成疾。在奄奄一息时，九女对海冥王讲，九女别无所求，只求死后和王小磨葬在一块儿。说完便命归黄泉了。九女死后，海冥王后悔莫及，只好把九女和王小磨一齐葬在二郎山中。后来这座山便叫作墓山，又因王小磨埋在此处，所以也称磨山。

↓ 位于磨山附近的东坡公园

珍珠姑娘和微山湖

相传明朝以前，微山湖一带还是一马平川，只有黄河、运河、泗水从旁边流过。这里林茂粮丰，是个美丽富饶的地方。

有一年春天，风和日丽，一只金凤凰驮着四个美丽的姑娘沿着泗水往南飞，她们是金珠、银珠、玉珠、珍珠，去寻求天下胜景佳地。飞呀飞呀，有三个姑娘飘飘然离开凤凰来到人间，形成了今日的昭阳湖、南阳湖和独山湖，只有珍珠姑娘还在随凤凰往南飞着。

↑ 微山湖文化园

珍珠姑娘飞呀飞呀，飞到了微山湖附近，俯身一看，呀！太美了！她正要告诉凤凰自己要下去，忽然，隐约感到地面有一股邪气腾腾升起。她立即意识到这是大灾大难前的预兆，不久，这里的人将有一场大劫难。

快告诉这一带的人逃走吧！可她又想起临行前妈妈的嘱咐："遇事要回避，免得惹是非。"

怎么办？她看着下面活泼的牧童，清秀的村姑，生机可爱的鸡鸭牛羊……怎能忍心让他们遭殃？

不，我要救他们！她打定主意，让凤凰往下飞，凤凰盘旋在这一带上空，姑娘连声喊道："可怜的人们，快逃命吧！这里要有大难！"

人们听了她的喊声，纷纷携幼扶老、拖羊带鸡，逃难而去。

凤凰飞着，姑娘喊着，一天又一天，人们都走光了。忽然，天昏地暗，风雨大作，地动山摇！珍珠姑娘正要离开，只觉得头晕目眩，失去知觉，一头栽落下去。凤凰见状，大吃一惊，忙俯下来相救，但为时已晚，姑娘已落在地上变成一块石头。凤凰悲恸至极，盘桓在石头旁边，久久不愿离开。后来，它就在这里守护着主人，成了九顶凤凰山，即今日黄山。

从此，这里便有了微山湖。

你要不相信，请到黄山后去看一看，珍珠姑娘变成的石头还在那儿呢！

↓ 微山湖的龟纹石

利国村地处苏鲁边陲，四周山峦起伏，进可攻，退可守，自古就是兵家必争之地。抗战期间，日本除在利国火车站驻军外，为统治利国、镇压人民，又派驻许多"杂牌"军队。台儿庄战役日军失败后，其由东部偷袭徐州，利国沦陷，老百姓备受日本鬼子烧杀奸淫之苦。

1940年5月，中国共产党领导的运河支队打响了"夜袭利国铁矿"这一最为激烈的战斗，打击了日军的嚣张气焰，大长了利国军民团结抗日的志气，夺取了抗日战斗的节节胜利。

↓ 在抗日纪念地缅怀烈士

第六章

抗日烽火

驻军抗日

  利国村地处苏鲁边界，四周山峦起伏，进可攻，退可守，自古为兵家必争之地。北宋狄青征西夏，曾在此炼铁、造盔甲。明永乐十三年（1415），官府在此设驿站。利国自古又是辖区内政治、经济、文化的中心。咸丰十一年（1861），山东峄县起义军首领孙茂庚、刘平进攻过利国。抗战期间，日军除火车站驻军外，为统治利国、镇压人民，又派驻许多杂牌军队。民国二十七年（1938）二月，原国民党 29 师师长邓西候，从运河北撤到南岸后（师部设在利国）炸毁铁路、公路桥，凭借运河天堑决心与日本鬼子决

↓ 日本投降

一死战。两军对峙月余，后日本矿山兵团于
台儿庄战役日军失败后，由东部偷袭徐州，
利国29师因腹背受敌不得不撤走。利国沦陷。

民国二十九年（1940）五月，中国共产
党领导的运河支队为打退日军的嚣张气焰，
决定派一大队三中队队长丁广英（又名丁瑞
庭）、五中队队长陈荣坡率部队夜袭利国铁
矿。经过一个小时的激烈战斗，全歼矿部日、
顽军20人，收缴步枪18支、轻机枪10挺，
还有驳壳枪子弹等，大长了利国百姓团结抗
日的志气。

↑ 在抗日纪念地为烈士立碑

↓（纪念抗战胜利50周年）为王培基烈士揭碑

日军掠夺利国铁矿的佐证

中国劳工殉职处——万人坑

在利国村牛头山铁矿院内，有一块"利国矿山中国劳工殉职纪念处"的石碑，此碑立于民国三十四（1945）三月，是一处揭露日军侵华暴行的罪证。

石碑用魏碑体镌刻着"利国矿山中国劳工殉职纪念处"字样，旁边的小字为"淮海省□□□□□"，后面五个字模糊不清。当地老人依然清晰记得，那五个字是"省长郝鹏举"。整个碑身依然保存完整。

据抗战期间曾经参加利国铁矿开采工作的八十多岁的老人李士荣、张鸿信介绍，1939 年至 1945 年，日军侵占徐州期间，为加快掠夺徐州铁矿资源，造枪造炮，从徐州及周边地区招收了一批又一批穷苦百姓前来采矿，每批招工人数都在近千人，李士荣、张鸿信二人亦在其中。白天矿工们干活时由日本监工监管，稍有怠慢立即就会遭到毒打，而且一天只能吃到几个麸皮馍馍，根本吃不饱；晚上，几百人被撵进一个又黑又潮的大屋里睡觉，人挨着人，

↑ 利国矿山中国劳工殉职纪念碑

臭气熏天。不久，矿工中流行严重瘟疫，毫无人性的日军既不给用药治疗，也不给饮食，导致每天死亡近百人。日本人为了就地掩埋方便，根本不通知家人，就地利用采矿大坑，将死去的矿工直接扔进去。其中还有正在张着嘴巴要水喝、仍有生命迹象的劳工也被扔进坑里活埋。那场瘟疫流行了一个多月，据当地百姓目睹估算，大坑先后掩埋一万多名劳工，故而世代相传此处为"万人坑"。万人坑就在石碑的南侧十多米处，为当年露天采矿挖掘，长宽均在百余米。当时的伪淮海省省长郝鹏举为了显示自己的"仁爱"，欺骗更多的穷苦百姓，在那个万人坑上立了一块石碑。改革开放之后的20世纪80年代，在此采掘出一堆又一堆劳工尸骨，再次证明日本侵略者当年在利国村乃至中国所犯下的滔天罪行。

↓ 万人坑（现为铁矿废料填埋处）

郝鹏举是我国历史上出了名的汉奸，1944 年，其被任命为"淮海省"省长，驻守徐州，建立起四个师和一个独立旅的武装力量，被封为汪精卫政权第八方面军总司令。抗战胜利后，郝部被国民政府收编，郝鹏举被任命为新编第六路军总司令。但是由于郝鹏举背负着汉奸恶名，始终不得国民政府重视，又接到命令要求其尽快向新四军发动进攻，他认为国民政府在借刀杀人，于是开始同中国共产党秘密接触。

1946 年 1 月，在梁漱溟等人的斡旋下，新四军军长陈毅派遣郝鹏举在苏联的同学朱克靖前来郝处劝降，郝于是宣布"退出内战"，率部改编为"华中民主联军"，驻守赣榆县。但是郝鹏举并未与国民政府方面断绝联系，而是秘密筹划重新投靠国民政府，并对陈毅等人进行诱捕。郝鹏举于 1947 年 1 月将朱克靖逮捕，并再度宣布加入"国民革命军"，被委任为 42 集团军中将总司令。但是其部队旋即在白塔埠战役中被新四军彻底消灭，郝也被俘。为此，陈毅当即提笔写下《示郝鹏举》一诗，训斥郝鹏举：

教尔做人不做人，教尔不苟竟狗苟。

而今俯首尔就擒，仍自教尔分人狗。

日军留下的峄县全面调查报告书

在贾汪区运河支队抗日纪念馆里，有一本日军调查报告小册子，这是日本昭和十九年（1944）5 月 31 日至 6 月 24 日，日本华北综合调查研究所对峄县进行的全面调查报告书。报告内容一是"峄县治安状况"，二是"峄县资源情况"。

在"峄县治安状况"中，运河支队被当时日军定为"匪首"。

运河支队是抗日战争中活跃在苏鲁边界、运河两岸的一支抗日武装，隶属于八路军一一五师，为罗荣桓政委亲自命名，成立于1940年1月。自成立至1945年抗战胜利，在胡大勋支队长的领导下，共消灭日伪军5000多人；完成了护送刘少奇、陈毅等中央首长的任务，并掩护1000多人经过秘密交通线到达延安；先后为主力部队输送兵员3000多人。被罗荣桓政委誉为"敢在鬼子头上跳舞"的部队，陈毅赞称"运河支队可以写成一部大书"。

在日军调查"峄县资源情况"的报告中，内容极为详细，如在"劳动力"部分涉及柳泉煤矿（贾汪煤矿，日军侵占后改名）、枣庄煤矿、利国铁矿等矿产资源与开采情况。这是日军实行"以战养战"的战略，疯狂掠夺中国资源的真实佐证。

据记载数字，日军在占领苏鲁边区期间，先后从贾汪煤矿掠夺煤炭1333万吨，从利国铁矿掠夺矿产40万吨。为保卫国家资源，粉碎日军"以战养战"的战略阴谋，运河支队与日军进行了英勇不屈的斗争，曾三打贾汪，留下著名的"夜袭贾汪战斗"；四次巧袭利国铁矿。至今利国的老百姓仍在流传着运河支队打鬼子的诸多故事。

↑ 日军调查册

灭绝人性的日军在利国村留下的这些战争罪证，利国人民把它作为承载还原历史真相的重大责任，永保这些侵略罪证，以警示当代，教育后代。

抗日战例

1938 年夏，日军占领了利国铁矿和利国火车站。为掠夺利国铁矿石，驻扎的两个小分队日军和近百名伪军，为实现其"以战养战"目的，进行掠夺性野蛮开采，造成了一万多中国矿工遇难。利国牛头山附近的万人坑，就是日本军国主义的一大罪证。利国百姓在中国共产党地下组织的领导下，积极发动群众，开展了波澜壮阔的抗日运动及锄奸反霸斗争，谱写了奇袭利国铁矿部、奇袭利国火车站、击毙大汉奸李跃和智取铜山岛日军等一系列壮丽凯歌，极大地打击了口军的嚣张气焰。

夜袭利国铁矿

1940 年 5 月，中国共产党领导的运河支队为阻止日军掠夺利国地下资源，打击其嚣张气焰，使运河支队畅通无阻地活动在利国和微山湖一带，运河支队一大队队长邵子真亲自动员部署，决定袭击利国铁矿，把任务交给经常活动在利国东侧的一大队三中队队长丁广英（丁瑞庭）和五中队队长陈荣坡执行。

利国铁矿与利国车站相距很近，矿上日伪军防守较严，车站上的日军随时都可能出来增援，战斗打响后，如惊动徐州和韩庄的日军形成南北夹击的局面，将会影响战斗的进行，因此只能智夺巧取，不能强攻。

为了打好这一仗，通过地下党组织寻找关系，五中队陈荣坡争取了日顽乡长厉玺思，让他给侦察队办好了"良民证"，然后与三中队排长王子喜一起化装前往侦察敌情。在地下党组织的配合下，他们从西大寺那里借来了袈裟，怀揣"良民证"进入利国铁矿。在侦察期间，陈荣坡做好矿警队三个班长的工作，动员他们弃暗投明，共同抗日，班长崔振环、王敬方等本是贫农出身，迫于无奈才当了顽军，经做工作后，表示愿意为这次战斗做内应，并约好了行动时间和联络信号。

1940 年 5 月中旬的一天夜里，三、五中队的同志们在丁广英、陈荣坡的指挥下，从驻地出发。由于阴雨连绵、山路崎岖不平，部队到达利国时已近午夜 11 时了，指战员分散在铁矿附近埋伏好。不久，据点里的内线悄悄走下来报告："日军有的在喝酒，有的打麻将，过一会儿，等我的暗号行动。"半个小时后，还是不见信号，有的战士沉不住气了，说："队长，别等了，打进去吧。"丁队长严肃地说："没有信号，不准行动。"又过了一段时间，碉堡里突然吵闹喧哗，只听内线高声说："太君，麻将明天地打，今天地休息。"不一会儿，里面静了下来，日军和顽军都睡觉了。为防利国车站日军增援，五中队长陈荣坡率领部分战士扛了机枪准备封锁利国车站日军据点，并负责接应工作。三中队长丁广英率领突击队员各持短枪一支、大刀一把，要求队员一定要服从指挥，听从命令，力争用刀杀敌，尽量减少伤亡，不到万不得已不要开枪，这是第一次打利国铁矿，只许打赢，不能打输。突然，据点门前的灯光下一个日本鬼子倒下去了，继而大门打开了，碉堡外的路灯熄灭了。在丁广英率领下，突击队员个个像箭一样冲向敌碉堡。班长王华堂带领突击队员飞速登上二楼，日军正在睡大觉，他首先取下日军的枪支，随机一阵砍杀，几个日军还没有醒过来便做了刀下鬼。与此同时，丁广英带领突击队员冲进顽军住房，除了死心塌地负隅顽抗的被刺死外，其余二十多人由祖振怀、王敬方带领反正了。

夜袭利国铁矿据点，不到半个小时就结束战斗，共打死日军7人、顽军3人，反正顽军22人，缴获轻机枪1挺、步枪18支、20响驳壳枪2支、信号枪1支、子弹1000发。三、五中队未伤一兵一卒，汇合后安全撤退，胜利返回根据地。

智取日本自卫团

日本侵略者所谓的"以华治华"就是利用汉奸为其效劳。抗日战争期间，在利国车站就有一个日军组建的"自卫团"，团长诸衍军带领十几个人经常活动在利国火车站周围，为利国车站日军小野的外围兵力，由小野直接指挥。日军为保障津浦铁路畅通和掠夺利国铁矿石资源，为其"以战养战"服务，铁矿也驻一个小分队日军。抗战期间，利国属敌占区，运河支队只能在夜间袭击日顽军，截获铁路物资，破坏日军运输线。当时贾柳区地下党组织派员做好自卫团部分团员思想政治工作之后，不少苦大仇深的农民子弟相信共产党的领导，决心参加到抗日斗争中来。

在一个炎热的夏天，又是漆黑一片的夜晚，运河支队小分队有计划地潜伏到利国火车站东蔡山村后东侧一块高粱地里，这里离自卫团休息地很近。因上半夜天热蚊虫多，难以入睡，自卫团团长诸衍军和另一名队员正在坐着聊天。运河支队队员将枪口瞄准了两个聊天的太阳穴，随着"叭"的一声枪响，诸衍军抽搐了一下，头上喷出一缕血柱，此时他身旁的队员立即反手抽出压在枕头下的盒子枪，枪还未抽出来，监视他的运河支队员立即搂动扳机，这个自卫团队员也抽搐了几下躺在了苇席上。

随后运河支队小分队负责人立即喊话："诸衍军为日寇卖命，残害中国人，这就是他的下场！"接着，讲明凡是为日军卖命，为虎作伥，欺压百姓，屡教不改者，抗日军民绝不会饶恕他们；只要愿意参加抗日军队，前途才是光明的！不一会儿，有二十多人从自卫团退出勇敢地站到运河支队一边。

乘着夜色，这支不断扩大的运河支队小分队于拂晓时分胜利到达根据地。

智毙汉奸李跃

1939 年和 1940 年的农历二月初四，利国百姓永远记得这两个日子，是日本军队两次血染青山泉的日子。事件发生后，经查证是日本便衣李跃提供的情报，招来日军的屠杀。

李跃，青山泉姚沟塞村人，生于民国五年（1916），15 岁时因赌博打架、不务正业被其父责打，离家出走，到徐州东关一个亲戚家，在鞋店当徒工。此后，结识了徐州市面的一些地痞流氓，与他们在一起鬼混。1938 年，徐州沦陷，鞋店关门。李跃离开鞋店，混入日本徐州治安维持会所属的警务科当差，不久被编入利国驿铁矿警务处充当便衣特务，主要在徐州、柳泉、茅村、贾汪一带活动，为日本侵略者收集情报，刺探军情。

为了铲除汉奸，为青山泉二次被日军杀害的无辜平民报仇，苏鲁边区抗日游击队司令韩治隆决定派人除掉李跃这个汉奸。时间定于 1940 年农历三月二十八日，地点在利国驿春会上。

利国驿地处鲁南、苏北两省交界，又是公路和铁路要冲，当时
日军为大肆掠夺利国铁矿石，由日本日钢管株式会社信托三友公司
经营利国铁矿石生产，并运销往北方城市打造武器。当时利国铁矿
是日军重点防御基地，为扩大采矿，每天都有从河南、山东的军事
列车途经利国。每当日寇军列在利国停靠前，军民团结一致，游击
队员火速登上列车打开闷罐子车门，卸下物资，有整箱铁盒罐头、
茶叶、麻袋装的砂糖等，连夜运回苏鲁边区抗日司令部。有一次，
当游击队员打开标有茶叶字样的木箱时，还发现在茶叶中藏有用油
纸封装好的德国产驳壳手枪，三箱总共 12 支，还有两箱子弹。

农历三月二十八日凌晨，游击队员臧洪章三人抵达利国驿。上
午十点多钟，李跃手牵狼狗，带着一帮人收缴地税，臧洪章三人以
三角形前后摆开向李跃身旁靠近，随着一声暗号，三支短枪同时射
向李跃要害部位，李跃绝命身亡。

枪声一响，整个春会像炸营一样。人们各自逃命，臧洪章三人
趁机离开现场，安全回到司令部复命。游击队打死李跃的消息快速
传遍青山泉，人们奔走相告，无不称快。

黄广志送信解围

黄广志，1920 年出生于利国村。1939 年 8 月的一天清晨，盘
踞在贾汪的日本鬼子出动两百多人，向运河支队八连驻地东阚村进
犯。全连七十多名战士和敌人浴血奋战，连长王脉清不幸壮烈牺牲。
指导员刘其加见敌众我寡，不能硬拼，于是他写了一封信，让一名
战士找他表弟黄广志把信送到窦安集胡大勋队长那里。那年黄广志
才 19 岁，他小心翼翼地将信揣进怀里，背着枪就上路了。正走着，

他发现一群敌人正向村里进攻，村里的战士也正在向村外的日本兵射击。黄广志这时真想趁机打死几个日本鬼子，以解心头之恨。但转念一想，自己的任务不是打敌人，是把信送出去，于是他顺着高粱稞迅速前进。晌午，胡大勋队长接到黄送去的情报，连饭也顾不上吃，从汴塘方面调动三个连的兵力前往支援八连。日军由于受到两面夹击，死伤惨重，下午三时左右狼狈逃窜。

奇袭利国火车站

出生于 1923 年的杨德刚是一个贫苦农民的儿子，因家庭生活困难，十多岁就在本村大户李姓人家"跟嘴"（是指干活不拿工钱但管吃）。1940 年，17 岁的杨德刚目睹日本鬼子烧、杀、抢、掠，无恶不作的滔天罪行，发誓要消灭日本侵略者。在爱国进步人士指引下，他积极参加了抗日游击队，立志打击日本侵略者。

杨德刚身材魁梧，一米八的个子，威武挺拔，经几年抗日战场的锻炼，已能熟练使用双把盒子枪，百发百中。他曾在铜山岛杀死两个日本鬼子，缴获 13 支长枪、机关枪 1 挺、子弹千余发。后又独自一人端掉位于小姑山日军的一个据点，双把盒子枪左右开弓，五个鬼子即刻送命，一人缴获七支步枪、手榴弹数枚和部分子弹。还有一次他独自一人趁深夜日军熟睡之时，从村西头攀上碉堡，把鬼子的轻机枪拆散后，将零件掖在腰间，又从碉堡上溜下，不小心枪件碰出响声被日军发现，杨德刚趁夜色边跑边组装轻机枪。一直跑到南山冈上，见鬼子已进入机枪有效射程，杨德刚对着追赶他的日军大喊："小日本！听听你杨二爷的机关枪！"随着急骤的机关枪声，跑在前面的几个鬼子全部毙命，跟在后面的伪军趴在地上再也未敢抬头……

经过几年抗日战争锤炼，杨德刚已更加成熟老练，带出了一支七十多人的精悍武工队。因利国铁矿部日伪军被运河支队

↑ 抗日时期利国火车站水塔

袭击过，车站日伪军警惕性极高，配备了铁甲巡逻车昼夜巡逻。已是深夜两点多，铁甲车隆隆驶出利国火车站，机智的武工队员杨天洒、杨天朴把捆好的六颗手榴弹固定在自卫团宿舍大门上。几乎同时，杨德刚带领杨德线、杨玉军、王士秦三人端掉两个岗哨，即刻摸进鬼子住屋内，杨德刚手持双枪，队员们同时扣动扳机，十几个鬼子在梦中全部毙命。还在梦中的自卫团伪军听到枪声，开门就往外冲，"轰"的一声巨响，几个伪军应声倒地，后边的人再也不敢往外跑了。杨德刚大声喊道："是中国人就不要出来！把枪扔出来！中国人不杀中国人，我们专杀日本鬼子……"话音未落，十几条步枪扔出门外。

这场战斗武工队员无一人伤亡，共缴获日本三八式步枪二十多支、机枪两挺，还有数千发子弹和其他战利品。

王培基血洒杨家渡

王培基（吉），1920年7月出生于利国蔡山村一个贫苦农民家庭，在兄弟七人中排行老五，念过私塾，书法功底深厚，有《应酬类撰》存世。

1938年徐州沦陷后，王培基在贾柳区中共地下党交通员彭长军

（爱民）的鼓励与教育下，毅然投笔从戎，参加运河支队，历任五中队战士、班长、分队长，曾多次参加截取日本军用物资的"飞虎队"活动，奇袭利国矿部日伪军、夜袭日本自卫团，还曾参加过库山、杜庄、黄邱套反扫荡战斗。黄邱套反扫荡战斗后，王培基光荣加入了中国共产党，后任二中队分队长，多次带领部队参加消灭日军的战斗。

　　1942 年 4 月 20 日，微山岛上铁道游击队、微湖大队、滕沛大队、运河支队一大队和二、四、五中队驻防微山岛上。由于岛上缺乏党的一元化领导，军事上也没有统一的指挥，各说各的意见，彼此争论不休，最后决定"只阻击不恋战，惩罚一下来犯之敌，再迅速撤退"。错误决定，导致运河支队二中队八十多名战士壮烈牺牲，四、五中队全军覆没。战争打得极端惨烈，王培基同志和五中队同志坚守在杨家渡口，打退敌人数次进攻。王培基在这场战斗中英勇顽强击毙日寇多人，右手被打中，他就用左手向敌人射击；头部受伤，鲜血遮住了双眼，他用衣袖擦去，继续战斗，终因失血过多，壮烈牺牲，时年 22 岁。

↑ 王培吉墓碑

↑ 向烈士王培基致默哀

　　利国饮食，以传统宴席名菜独具风格，其中大彭国宴和东坡菜系两大类均为古驿站时期从官府传出，并在民间世代相传，已被列入市、县两级非物质文化遗产保护项目。利国以地下蕴藏着丰富的铜铁矿资源为主，钢铁生产一直是该村的支柱产业。此外，利国还是湖山相依、水陆相连之地，生长着多种鱼类和莲藕、芡实、菱角等三十多种水产植物。

第七章

饮食特产

利国饮食

　　利国饮食，极具特色。其中面食和汤类品种与徐州市区内基本没有区别，唯有几种传统宴席名菜独具特色。大彭国宴和东坡菜系均为古驿站时期从官府中传出，并在民间世代相传，不但深受中外游客喜爱，还被申报为市、县两级非物质文化遗产保护项目。

↑　利国煎饼

大彭菜系

　　大彭菜系被列入大彭国宴名菜，世代相传，成为今天国宴一大名菜，其中"羊方藏鱼""首乌麋鸡""天鹅起舞""大块吃肉""虾戏龙尾""鱼跃龙门""龟养天年""蟹蚌合鲜"等八道名菜最为驰名，尤其老年人常食可生精壮骨，延年益寿。

东坡菜系

　　东坡菜系由利国名厨经过多年勤学苦练、博采众长、不懈努力制作而成，其主要名肴有"地锅鸡""东坡肉""荷莲三吃""红烧四喜丸子""糖醋鲤鱼""微山湖鸭蛋炒鱼子""野鸡炖萝卜""东坡肘子"等。

利国特产

采矿、冶炼产品

矿产主要有铁矿石、铜矿石。冶炼初产品有铁块、淮海铸管、铜产品等。

奇石类

奇石主要品种有彩玉石、纹石、彩色条带石、竹叶石、莲花石等。

水产品

↑ 微山湖四孔鲤鱼

水产品主要有微山湖四孔鲤鱼、湖产鳖、鳜鱼、银鱼、微山湖大闸蟹、莲藕、龙虾、菱角、鸡头籽、龙虾、海螺等。

利国糕点

利国糕点品种丰富，最为闻名的是利国蜜三刀、椒盐月饼等。

荷叶千子

大块吃肉

地锅鸡

干炒菱角

利国龙虾

利国银鱼

附录 利国方言土语

方言土语

不抵、不胜——不如。

半语子——发音器官不全，说话不清。

被伏子——被单。

泼小子——男孩。

陪似——陪嫁。

麻利——迅速、快。

白板——无用。

迷篓——比画。

马屋子——矮方桌。

吊秧子——狗交配。

牙毒——说话尖酸刻薄。

打挎儿——打赌。

大氅——大衣。

白搭——白费。

牙猪——公猪。

瞎黑——黑天、很黑。

转莲——向日葵。

歌谣与歇后语

1. 歌谣

鸭子呱呱上磨台，早晚熬到媳妇来。

吃顿如适的饭，穿双可脚的鞋。

双手扳窗看日头，栀子花开六瓣头。

情郎约我黄昏头，双手扳窗看日头。

小日本，提凉水，打了碗，掉了底；

坐轮船，沉到底；坐火车，轧断腿。

小豆芽，弯弯沟，俺到姥家过一秋。

姥娘见俺心欢喜，妗子见俺剜眼瞅。

妗子妗子你别瞅，豌豆开花俺就走。

骑着驴，喝着风，到家学给俺娘听。

俺娘听了心生气，说俺妗子理不通。

2. 歇后语

老鼠钻风箱——两头受气！

锅底扒山芋——净拣软的捏。

疤瘌眼子照镜子——找难看。

秃子跟着月亮走——沾光。

癞蛤蟆想吃天鹅肉——痴心妄想。

黄狼子给鸡拜年——没安好心。

兔子的尾巴——长不了。

大葱伴豆腐——一清二白。

利国全景